U0140515

霍宏伟 著

望長安

海外博物馆收藏的中国故事

生活·讀書·新知 三联书店

Copyright © 2024 by SDX Joint Publishing Company.
All Rights Reserved.

本作品版权由生活·读书·新知三联书店所有。
未经许可，不得翻印。

图书在版编目（CIP）数据

望长安：海外博物馆收藏的中国故事 / 霍宏伟著 . —北京：
生活·读书·新知三联书店 , 2024.4
ISBN 978-7-108-07631-1

Ⅰ . ①望…　Ⅱ . ①霍…　Ⅲ . ①历史文物－中国－通俗
读物　Ⅳ . ① K87-49

中国国家版本馆 CIP 数据核字 (2023) 第 063797 号

责任编辑　曹明明
装帧设计　康　健
责任校对　张国荣　常高峰
责任印制　卢　岳
出版发行　生活·讀書·新知 三联书店
　　　　　（北京市东城区美术馆东街 22 号　100010）
网　　址　www.sdxjpc.com
经　　销　新华书店
印　　刷　天津裕同印刷有限公司
版　　次　2024 年 4 月北京第 1 版
　　　　　2024 年 4 月北京第 1 次印刷
开　　本　720 毫米 × 880 毫米　1/16　印张 17
字　　数　160 千字　图 280 幅
印　　数　0,001 - 6,000 册
定　　价　88.00 元
（印装查询：01064002715；邮购查询：01084010542）

目录

"西北望长安，可怜无数山。"南宋词人辛弃疾的名句，我以它作为这本书的书名——望长安。我想象着，大唐昭陵的两匹石骏，远在异国他乡，昂首天外，西望长安，何时返程，遥遥无期；我想象着，数以千万计流失海外的中国文物远离故土、欲归不能的怅然与无奈。《望长安》，也许能够表达流落海外华夏国宝的心声。

望长安，念洛阳。在中国都城史上，长安与洛阳为汉唐两京，帝王宅京之地，是中国古代璀璨文明的标志，中国文化的象征符号，本书所讲的故事大多与其相关联。相传1928年一场久下不停的雨，使得位于洛阳金村东北的田地下陷，金村大墓由此发现。实际上，早在前一年冬天，此地墓葬已遭盗掘。《怀履光去过金村吗？》，重点讲述了1927—1931年洛阳金村战国大墓珍贵文物被盗掘的史实，墓中各种随葬品漂泊异乡，与加拿大传教士怀履光有着千丝万缕的联系，皇家安大略博物馆是金村文物的主要收藏地。

民国时期，河南周口、许昌一带汉墓遭到破坏。墓中出土一种作为建筑材料的人像空心画像砖柱，受到西方人的喜爱，散见于英国、法国、美国、加拿大等国一些博物馆。《一"举"两得的人像柱》，探讨的是陈列于英国大英博物馆中国馆内的明星展品汉代人像砖柱。经过解读我们可以看到，这种砖柱不仅具有承托墙砖的实用性，还起着镇墓辟邪、保墓安宁等思想观念方面的作用。

在中原腹地大批古墓葬惨遭盗掘的同时，作为我国古代先民佛教信仰重要载体的石窟寺造像也被恣意劫掠。20 世纪 10—30 年代，某些外国人与中国古玩商串通一气，大肆盗凿河北响堂山石窟、山西天龙山石窟及河南龙门石窟佛教造像，致使数量众多的佛雕精品流失海外。《佛国庄严》记述了美国宾夕法尼亚大学博物馆（以下或简称"宾大博物馆"）藏中国北魏至辽金时期的佛教造像，诸如佛、菩萨、罗汉、天王、力士等雕像，反映出北魏至辽金人们的宗教信仰和艺术造诣。

如果说佛教造像凝聚着古人某种虔诚与执着的话，那么陵上石刻、墓内陶俑则显示出墓主人生前的荣耀与不凡。大唐的辉煌，不仅记录于史书之中，还通过留存至今的文物更加直观地表现出来。1913 年，默默伫立于陕西醴泉县（今礼泉县）九嵕山北坡长达千年之久的唐太宗昭陵六骏中的两骏石刻，被人盗运下山。1918 年，它们出现在美国费城宾大博物馆的展厅中。这五年中，它们究竟踏上了一段什么样的神秘旅程？《昭陵石马夜空嘶》尝试解读这个传奇故事。2002—2003 年，考古学者对昭陵北司马门遗址进行了大面积发掘，清理出六骏石座，对于了解昭陵六骏的原始环境提供了科学依据。

清朝末年修筑汴洛铁路（陇海铁路的前身），破坏了沿线洛阳邙山南麓的诸多古墓葬。其中一座唐墓出土了釉色鲜亮的三彩俑，却痛失于海外。《谁是刘庭训》

解读了藏于大英博物馆一组唐代三彩俑的来源。以往有学者认为，这些俑出土于洛阳唐代"刘廷荀"墓。本书钩沉索隐，考证这些三彩俑陪葬的墓主人应是"刘庭训"，还找到了现藏于开封市博物馆的刘庭训墓志石，它记述了忠武将军刘庭训曲折、生动的传奇经历。曾几何时同葬一墓的三彩俑与志石，今天却相隔万里，令人唏嘘。

与大英博物馆藏唐代三彩釉陶马不同，美国旧金山亚洲艺术博物馆藏有一件唐代彩绘骑马女俑。《丫髻》就是关于这件出土于陕西关中地区唐墓骑马女俑服饰的个案分析，进一步探讨唐代审美风尚的变化，初唐着装的封闭性向盛唐开放性的转变，体现出兼容并蓄、开放包容的大唐气象。

无论是一批三彩俑，抑或是一件彩绘骑马女俑，均以色彩取胜，体形高大，彰显着李唐王朝的强盛国力，而形制较小的铜镜，以其唯美的造型、精细的纹饰、金属的质感，同样吸引着海外博物馆及藏家的注意力。日本泉屋博古馆藏战国、两汉、唐宋等时期铜镜两百余面，种类丰富，类型多样。《纳世界于掌中》从该馆收藏的战国、汉唐铜镜入手，对流失海外的部分战国动物题材铜镜、东汉画像镜、唐代人物镜与特种工艺镜做了考证。从神话到历史，从历史到现实，铜镜题材的逐渐变化，在镜背上呈现出的是各具特色的纹饰与图像，忠实记录着时代变迁的印迹。

有了铜镜，盛放镜子的器具就更加真实、直观地反映出古人对于铜镜的珍爱程度。《镜奁掩月》对大英博物馆藏的北宋银镜盒定名与功能等问题进行探讨。我所提出此盒为银镜奁的观点，得到了大英学者的肯定，并在改陈的新展览中被参考借鉴，做了充分展示。

上述研究专题论文的成稿与部分发表，与我最近十年来的学术深造和本职工作密切相关。2012 年 1—6 月，我有幸得到中国国家博物馆课题资助，以"美国宾夕法尼亚大学博物馆藏中国汉唐文物调查"为题，前往宾夕法尼亚大学访学，对宾大博物馆藏中国古代文物进行了较为系统、深入的观摩研究；还对位于美国东部地区、收藏中国文物较为丰富的数家博物馆做了考察，如费城艺术博物馆、纽约大都会艺术博物馆、华盛顿弗利尔美术馆、波士顿美术馆等，近距离观赏到大量精美的中国文物珍品。这次美国之行令我收获甚丰。访学期间，应《文史知识》编辑部的约请，为该刊撰文四篇，分别在《文史知识》"特别关注"栏目连载，以图文形式，向国内广大读者介绍了宾大博物馆藏的部分中国文物 [1]。回国后，完成并发表一篇调查研究报告 [2]。本书所选《佛国庄严》《昭陵石马夜空嘶》，即为 2012 年访学成果的体现。

2013 年至今，我参加了中国国家博物馆学者主持编纂的大型丛书《海外藏中国古代文物精粹》图录文物条目的撰写工作，承担了《英国大英博物馆卷》《法国吉美博物馆卷》《法国赛努奇博物馆卷》《美国纳尔逊 – 阿金斯艺术博物馆卷》《美国旧金山亚洲艺术博物馆卷》等卷文物的遴选及条目的写作任务，同时担任《日本泉屋博古馆卷》《加拿大皇家安大略博物馆卷》编纂项目负责人。这些与古代文物研究密切相关的日常工作，为我创造了诸多他人难以接触的学术良机。

2013 年，中国国家博物馆开始编纂《日本泉屋博古馆卷》，我具体负责部分文物条目的修改、补充及编辑工作。次年 4 月，我与国博同事对日本泉屋博古馆

---

[1] 包括《守望汉唐：美国宾夕法尼亚大学博物馆藏中国陵墓石刻》，《文史知识》2012 年第 5 期；《佛国庄严：美国宾夕法尼亚大学博物馆藏中国佛教造像》，《文史知识》2012 年第 6 期；《宝器生辉：美国宾夕法尼亚大学博物馆藏中国古器物》，《文史知识》2012 年第 7 期；《妙笔丹青：美国宾夕法尼亚大学博物馆藏中国绘画》，《文史知识》2012 年第 8 期。

[2] 霍宏伟：《美国宾夕法尼亚大学考古学与人类学博物馆藏中国文物调查》，《中国国家博物馆馆刊》2013 年第 2 期。

东京分馆进行工作访问，会见馆长小南一郎、广川守等先生，就该卷合作出版事宜展开了较为充分的交流。经过双方一年多的努力，《泉屋卷》于 2016 年出版。泉屋博古馆收藏丰富、铸造精美的青铜器，给我留下深刻印象。尤其是该馆收藏的两百余面中国古代铜镜，自成体系，颇具特点。本书中的《纳世界于掌中》一篇，就是以这些铜镜为切入点，对散落海外的部分中国铜镜做一概述，还提出了一些学术观点和看法。

2015 年 7 月，《英国大英博物馆卷》写作工作启动，我撰写条目的大英馆藏文物有 19 件（组）。2018 年 11 月，我与国博同事赴英国伦敦执行公务，实地考察了大英博物馆，细致观察了陈列于该馆内的中国文物，为进一步深入研究创造了良好条件。自 2017 年至 2020 年，我先后发表了三篇有关大英馆藏中国古代文物的论文 [1]，观点得到了大英博物馆同行的充分肯定。

2017 年 10 月，我承担了《美国旧金山亚洲艺术博物馆卷》部分文物条目的写作任务，对一件唐代彩绘骑马女俑做了较为深入的个案分析。2020 年 9 月，我参加国博举办的"中国古代服饰文物研究论坛"，提交并宣读论文《旧金山亚洲艺术博物馆藏唐骑马女俑服饰鉴微》。本书所选《丫髻》，即源于此文。

2018 年 4 月，我担任《加拿大皇家安大略博物馆卷》分卷主编，开始筛选文物，组织团队，编纂该卷。民国时期，加拿大传教士怀履光作为皇家安大略博物馆的代理人，在中国境内收购大量文物，运回国内。其中，洛阳金村战国大墓出土的许多文物收藏于皇家安大略博物馆。本书首篇《怀履光去过金村吗？》，就是我

---

[1] 我有关大英博物馆藏中国古代文物的研究论文共三篇：《大英博物馆藏一组唐代三彩俑来源追溯》，《中国国家博物馆馆刊》2017 年第 4 期；《一件银盒的定名与解读》，《读书》2018 年第 11 期；《大英博物馆藏汉代人像砖柱出土时间地点及功能探微》，《故宫博物院院刊》2020 年第 2 期。

对金村流散文物持续关注三十多年后的一点收获。

本书收录的八篇论文，大多数是关于海外博物馆藏中国古代文物的个案研究，主要运用的研究方法，可归纳为三种。

第一，采用实证的方法，一分材料说一分话。结论不是预设的，而是建立在对大量基础材料进行对比、分析之后，推导出来的。比较法也是常用之法，"上挂下连，左右逢源"，"上下"是一条纵轴，即时间轴，"左右"是一条横轴，即空间轴。将研究对象置于坐标轴中，进行细致入微的比较，从而得出相对客观的结论。在可用来对比的材料上，首选考古发掘品[1]，其次是出土品，再次为流传有绪的传世品。紧紧围绕研究主题，广泛收集、运用不同材质的实物资料。

第二，以问题为中心，努力解决关于文物藏品的基本问题，一是时间问题，如制作年代、出土时间、分期等；二是空间问题，如制作区域、出土地点、分区等。时空交汇，构筑起关于藏品的时空框架，这是首要问题。还有藏品的定名问题。

第三，"小题大做"，由小见大，切入点较小，落脚点宏阔。"以物论史，透物见人"，这无疑是一个由实到虚的论证过程，恰如蒙文通先生所言："以虚带实，也是做学问的方法。史料是实，思维是虚。有实无虚，便是死蛇。"[2]

这些研究方法，是我在认真学习、领会诸多前辈学者的研究经验之后，从长期的写作实践中总结出来的，朴素而实用，应将其上升到博物馆藏品研究方法论的高度来看待。本书所录八篇文章，涉及的中国古代文物，年代跨度较长，自战国、两汉，至北魏、唐、宋，包括青铜器、玉器、鎏金铜佛像、银器、三彩俑、石刻等。

---

[1] 关于馆藏考古发掘品的研究方法，参见霍宏伟：《中国国家博物馆藏铜镜发掘品的考古情境》，四川大学博物馆等编：《南方民族考古》第二十一辑，科学出版社，2021年，第189—214页。

[2] 蒙文通：《治学杂语》，蒙默编：《蒙文通学记》（增补本），生活·读书·新知三联书店，2006年，第1—2页。

文物专题之间看似没有太多关联，却以不同年代、不同形制、不同材质、不同角度，诠释着一个共同主题，即中国古代物质文化的多样性与古老文明的博大精深。它们有着相同的命运，在动荡不定的清末民国时期，孤独漂泊，身处异乡。然而我们还要抱着这样的意识：它们只是冰山一角，流失海外的中国文物数以千万计，我的研究难以面面俱到，涵盖全部种类，只能采撷片羽，连缀成篇，希望能够做到以小见大，以点带面。

流失海外的中国文物，仿佛散落于世界各地的一粒粒珍珠，我拣选出其中一些，试图用一个主题作为丝线将它们串联起来，为读者朋友们展示一条美丽的项链，在中国古老、厚重的历史背景下熠熠生辉。对于它们的未来，我们充满期待。"青山遮不住，毕竟东流去。"

怀履光去过金村吗？

加拿大皇家安大略博物馆藏洛阳金村战国文物的来历

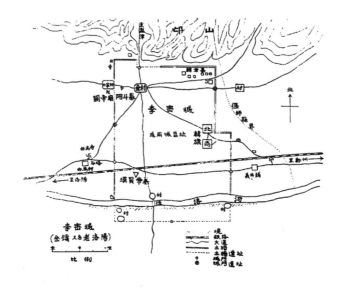

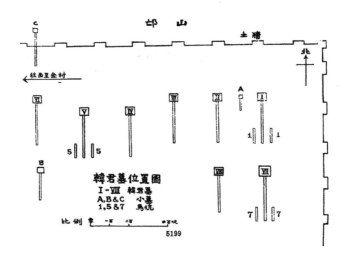

图1-1 金村大墓位置以及马坑分布示意图

图 1-2　加拿大皇家安大略博物馆展出传金村出土部分文物　　　　图 1-3　怀履光像

金村，位于河南洛阳市区东北郊的普通村庄，地处汉魏洛阳故城遗址北端，附近有着丰富的历史文化遗存。从 1927 年到 1931 年，人们在金村东面的田野中，发现了八座东周大墓（图1-1）。这些墓葬都曾遭到肆无忌惮的疯狂盗掘，数以千计精美绝伦的金银错铜器、玉器、漆器和其他随葬品很快通过各种渠道，流失海外，落入欧美知名博物馆和私人藏家手中，其中以加拿大皇家安大略博物馆（简称安大略博物馆）所藏最为丰富（图1-2）。这与该国传教士怀履光（William Charles White）有着密不可分的关系（图1-3）。1910 年到 1934 年，他担任圣公会河南主教，长期居住于开封；而他另一个身份更加特殊——安大略博物馆收购中国文物的代理人。金村文物究竟有着怎样曲折的流传史？如果要还原金村文物发现—盗掘—买卖—收藏的流传数据链，需要结合大量历史文献和学者的研究成果，进行细致的梳理。

盗掘起止时间与人员构成

金村大墓最早发现于何时？学术界普遍认为金村大墓被盗掘的最早时间为1928年，这应源于1933年《韩君墓发见略记》的记载。"民国十七年，以遭霖雨，忽然地陷。据推测下有古墓，有人商得地主许可后，即试行发掘。旋因种种困难，遂将土完全移去，该处成一四十呎深之大方穴，穴底四隅之原土未去，因以渐倾斜而下，故墓底约略成一八角形。"（图1-4）[1]"民国十七年"即1928年，一场大雨使得金村东面田地出现塌陷，从而发现了金村大墓。

实际上早在1927年冬天，金村大墓已开始遭到盗掘。据洛阳古玩商吴圭洁回忆："1927年冬，挖掘古物之风又移到东乡金村一带。在挖掘到一座战国后期的王侯大墓时，挖出金银器几十件、玉器百十件、金银错铜器几十件。"[2]上文所说到的1928年的大雨，导致田地塌陷，发现古墓。有学者认为，此说不甚合理，墓葬不太可能因塌方而被发现。根据我在洛阳从事田野考古发掘工作十余年的经验，洛阳地区的战国墓一般为竖穴土圹墓，墓中填土是人为扰动过的"活土"，颜色不纯，故洛阳当地人称"五花土"，其土质结构松散；而墓圹周围未扰动过的土为"死土"，洛阳人称"老土"，颜色单纯，土质结构细密坚实。下雨之后，墓土经雨水浸泡之后结构疏松，容易形成塌陷；而墓圹周围的生土，质地坚实，经雨水浸泡，一般不会下陷。所以因一场大雨引起田地下陷、由此发现古墓的说

[1]《韩君墓发见略记》，《国立北平图书馆馆刊》第七卷第一号，1933年，第146页。

[2] 吴圭洁：《洛阳古玩行史话》，《河南文史资料》第九辑，河南人民出版社，1984年，第141页。

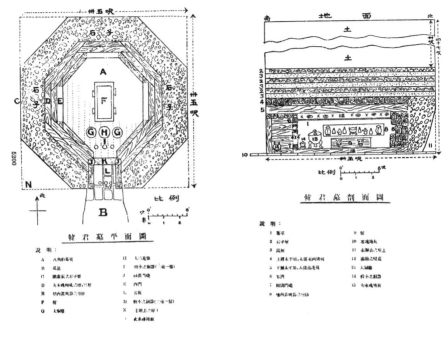

图 1-4 金村第 V 号墓平、剖面图

法是可信的，只不过这次并非金村大墓的首次发现，应是第二次发现。

金村大墓盗掘的结束时间，容庚认为是在 1930 年。"一九二八年至一九三〇年，有洛阳古墓的盗掘，盗掘之事始终秘密，出土古物很多，有一部分已被加拿大人怀履光盗运赴加。"[1] 亦有人认为止于 1934 年。"1928 年夏秋之交，因大雨致使墓室塌陷，加拿大传教士怀履光闻讯即觅人盗掘，费时 6 年。"[2] 我以为，金村大墓盗掘的结束时间应该是在 1931 年。《韩君墓发见略记》云："发掘前后历三年，

[1] 容庚、张维持：《殷周青铜器通论》，科学出版社，1958 年，第 6 页。

[2] 洛阳市地方史志编纂委员会编：《洛阳市志》第 14 卷《文物志》，中州古籍出版社，1995 年，第 407 页。

至民国二十年初，编钟始行出土。其地为成周遗址，土人俗称为李密城。"[1]1931 年之后，金村附近又有一些零星挖掘。北平《晨报》1933 年报道："豫洛阳县属西南金村地方，发现深不可测之穴窟。经人探视，确系古墓，掘出石钻、石斧、大理石、犬形雕刻物、陶器、人骨等物。"[2] 需要说明的是，金村位于洛阳城东北，并非西南。1933 年，顾子刚云："前怀主教来函云：'韩君墓'已停掘。兹据向先生来函，则又有人在该地发掘，并为本馆购得一钟及别一钟残碎片。"[3] 由此来看，金村大墓盗掘的起止时间，应该是 1927 年到 1931 年。其后，还有一些零星的盗掘活动。

关于金村大墓盗掘的组织者、参与者，以往学术界流传甚广的说法是："金村周墓是怀履光胁迫乡民进行盗掘的。据当地年长人回忆，当时曾就地搭棚立灶，明目张胆地进行盗掘。出土文物装满了大大小小的罗（箩）筐，然后用数辆马车运至洛阳，直至转卖给各国的古董商和文化强盗。"[4] 后来，在正式出版的《洛阳市志·文物志》中修改为："1928 年夏秋之交，因大雨致使墓室塌陷，加拿大传教士怀履光闻讯即觅人盗掘，费时 6 年。"[5]

吴圭洁讲述的内容与其不同。金村大墓的盗掘，是由当地几个恶霸出面，组成临时性的盗墓班子，少则数十人，多则百十人。出力挖掘的人，一般为本村穷而可欺的村民。这些人使用的盗墓工具，皆由掘者自备，其饮食、纸烟及蜡烛，

---

[1]《韩君墓发见略记》，《国立北平图书馆馆刊》第七卷第一号，第 145 页。

[2] 原载 1933 年 10 月 24 日北平《晨报》，收入卫聚贤《中国考古学史》附录一，上海书店，1984 年，第 172 页。

[3]《韩君墓发见略记》，《国立北平图书馆馆刊》第七卷第一号，第 149 页。

[4] 洛阳市文化局编：《洛阳市文物志》（征求意见稿），内部资料，1985 年，第 494 页。《孟津县志》（1991）、《加拿大传教士在中国》（1995）、《千年闻一城》（2005）等书沿用此说。

[5] 洛阳市地方史志编纂委员会编：《洛阳市志》第 14 卷《文物志》，第 407 页。

图 1-5　洛河平原上分布的墓冢与盗洞

亦需要自筹。从墓中挖出来的随葬品，由恶霸们独占，参加挖掘者分到的极少。盗墓班子中的头目，即使开明一些的，也免不了从中"吃黑"，贪污多占。如果挖掘许多天一无所获，掘者只能是白出力了。当时，洛阳的社会历史背景较为复杂。1925 年到 1926 年，洛阳城周围四郊成立民团、红枪会等武装组织后，助长盗墓之风。允许民众可以持有枪械之后，盗墓者胆子更大了。从夜间偷偷摸摸的挖掘，变为白天的公开盗掘，以至于洛阳地区盗墓成风。分布于洛阳辽阔田野中的盗掘现场（图 1-5），令人触目惊心。每日田地里人们来往穿梭，老幼皆赴，盛于赶庙会，而且日夜不休。挖掘现场，摊贩林立，棚帐遍设。古玩收购商人，不绝于途。耕地被践踏，田禾被毁。洛阳古物大量被摧残破坏以此时为最甚。每日成交额，往往达数千元至数万元不等。[1]

---

[1] 吴圭洁：《洛阳古玩行史话》，《河南文史资料》第九辑，第 150—151 页。

文物买卖与怀履光的购买渠道

有关金村文物的买卖，据吴圭洁回忆，1927年冬天，金村大墓刚刚开始被当地人盗掘，挖出金银器几十件，玉器百十件，金银错铜器几十件。洛阳城内的古玩商人居所距金村较远，大约有十多公里，村人将金银器带到郑州，卖给了银楼。1928年正月，村人又将铜器、玉器以两千多元的价格，卖给了本村的张资美、张锡卿及王道中三人。这三个人先付了一半的钱，把文物卖出后，再将欠款付清。三人除了将文物卖给北平、上海的客人之外，还将玉器、错金银铜器卖给加拿大人怀履光，张资美等人发了二三十万元的不义之财。1931年前后，怀履光从张资美、张锡卿、王道中三人处购买的古物，有一二十万元。两三年内，金村盗掘八座大墓，还有其他许多古墓。在一段时期内，金村成为洛阳古玩行业重点收购之地，时常聚拢有二三十人。

吴圭洁讲述了他亲身经历的一段与金村大墓出土文物相关的惊险往事，此事发生在1930年4月至5月。一天，有人进入洛阳城，告诉吴圭洁金村出东西了，铜、玉器都有，请去看货。吴圭洁与生意伙伴马名彰一同前往，住在领头盗掘的张大正家。他们先将出土器物看了一遍，玉器有四五十件，铜器有几十件。有一件连环璧，色呈牙黄，有光泽，为两件小玉璧组合而成，中间以两件长扁圆形环将两璧相连；周身有粗细花纹，四角有四个夔龙，精美异常。铜器中最好的，要数八个金银错兽首。

吴圭洁原本以为可依卖家所说五千元买下上述文物。没想到，这次出土器物较多，不像以前那样保密，结果令洛阳城内的古玩商闻风而动。在他们等待的三天中，到达金村的商人竟然有五六十名。时值傍晚，交易地点位于金村一座放置文物的空院内。古玩商人一进入院内，大门马上被锁上了。该村的人，每人手握盒子枪，金村恶霸马甲子与张大正的儿子张西成手持冲锋枪，可谓如临大敌，气氛紧张。城里来的商人们大多没见过这阵势，皆沉默不语，神情恍惚。

卖家出售文物是采取公开竞拍的方式，并提出三个条件：一是不论谁买下，必须先交半价作为订金，余款三日内送到，否则订金作废；二是不论城乡任何人都可以购买，参加挖墓的人也可以买；三是公开讨价还价，谁出钱多，就卖给谁。卖家要价五万元，吴圭洁的生意伙伴马名彰出价两万元，其他商人有出价七八千、一万两千元，金村的另一恶霸郭济堂也出价两万，马甲子出价两万两千元。接下来，两万四、两万六、两万八、三万，价格一路攀升，马甲子总是比其他人出价高出两千元。为了自身安全，吴圭洁与马名彰最终忍痛割爱，放弃了竞拍。[1]

据沈辰考证，怀履光的金村文物，一般是从蔺仕庵等开封古董商手中得到的，而蔺仕庵则通过三位代理人张资美、张锡卿、王道中获得。由此分析，怀氏购买金村文物的渠道如下：金村大墓盗掘者—金村文物代理人张资美、张锡卿、王道中—开封古董商蔺仕庵—怀履光。根据安大略博物馆的馆藏档案资料来看，怀履光购买金村文物始于 1929 年 12 月。怀氏给该馆的信中第一次提到"金村文物"，是在 1930 年 2 月 4 日。信里说到的文物，包括一件青铜跽坐人像、五件错金银青铜车马器和一对青铜承弓器，大约是在 1929 年 12 月 16 日收购的。在怀氏于 1930 年 2 月 26 日给安大略博物馆查尔斯·柯雷利（Charles Currelly）馆长的信中，

---

[1] 吴圭洁：《洛阳古玩行史话》，《河南文史资料》第九辑，第 141—146、148—149 页。

提及又买到一件铸造更加精美的青铜跽坐人像（图1-6）；还有部分青铜器（图1-7）、铜带钩、玉器（图1-8），出于同一座墓，怀氏称为"A墓"，即指金村大墓。据统计，1929年至1931年，标注有出自金村的文物共计97件入藏皇家安大略博物馆。种类涵盖错金银车马器、青铜跽坐人像、编钟、铜镜（图1-9）、玉器（图1-10）等。目前研究者认为，这些是最接近真实金村大墓出土的文物[1]。

怀履光到金村大墓现场勘察

九十多年来，怀履光是否到过金村大墓盗掘现场，说法颇多，争论不休。

第一种说法：盗掘之时怀氏在现场。1941年，容庚提出，金村大墓"发冢之事，始终甚秘，所获古物，局外人鲜有知者。时怀履光任开封圣公会主教，于此事探访綦详，发掘之役且多目击，所著《洛阳故城古墓考》，皆其躬自采获及探访之所得也"[2]。

第二种说法：怀氏胁迫乡民盗掘大墓。"这八座古墓从1928年开始盗掘，至1932年费时计达六（四）年之久。……金村周墓是怀履光胁迫乡民进行盗掘的。"[3]

第三种说法：怀氏亲自到金村勘察。吴圭洁说："他本人还曾亲自到金村勘察，

---

[1] 沈辰：《金村传说：怀履光与洛阳文物之谜》，《美成在久》2017年5月。

[2] 容庚：《商周彝器通考》，上海人民出版社，2008年，第10页。

[3] 洛阳市文化局编：《洛阳市文物志》（征求意见稿），内部资料，1985年，第493—494页。

图1-6 安大略博物馆藏传
金村出土青铜踞坐人像

图1-7 安大略博物馆藏传金村出土青铜盖鼎

图1-8 安大略博物馆藏传金村出土玉龙

图 1-9 安大略博物馆藏传金村出土镶嵌绿松石透雕四禽镜

图 1-10 安大略博物馆藏传金村出土玉龙

在汉魏故城遗址中又发现有古墓。"[1]

第四种说法：怀氏可能去过金村盗墓现场。徐坚提出："怀履光公布了一张具体位置不详、回填过半的墓口照片，可能到盗掘接近尾声，他才获准观摩现场。"[2]

第五种说法：怀氏可能没去过金村。沈辰认为："他没有在信函和日记中提及任何和金村相关的事情，由此猜测他想去金村发掘的愿望没有实现。他对这次旅行的日记记录也极为简要。"沈辰还公布了1932年6月怀氏去洛阳前后的部分日记与信函内容：

> 六月十七日，搭乘省长专车去西安；
>
> 六月十八日，在洛阳；
>
> 六月十九日，抵达西安；
>
> 六月二十日，参加开幕典礼；
>
> 六月二十一至二十二日，参观游览；
>
> 六月二十三日，飞机到洛阳；
>
> 六月二十四日，留宿林多贝克家；
>
> 六月二十六日，晚餐中的女士们。[3]

从目前收集到的资料来看，1927年到1931年，在金村大墓被盗掘期间，怀

---

[1] 吴圭洁：《洛阳古玩行史话》，《河南文史资料》第九辑，第142页。

[2] 徐坚：《再造金村：珍稀文物的失而复得之路》，《美成在久》2017年5月。

[3] 沈辰：《金村传说：怀履光与洛阳文物之谜》，《美成在久》2017年5月。

氏未曾去过现场。但是，1932 年 6 月，怀氏到过洛阳（图 1-11），这一现象值得注意。他为什么要去洛阳？此行真实目的是什么？

怀氏有一种要到金村大墓现场看一看的强烈愿望，他曾经在两封信中表达了这种想法。1932 年 1 月 7 日，他在写给福开森（John C. Ferguson）的信中说道："我想有一天我得去这个遗址看看。你知道这个遗址出土了那些编钟和其他精美的文物。"大约半年之后，6 月 12 日，他在写给安大略博物馆查尔斯·柯雷利馆长的信中再次表达了这一愿望："现在我唯一还没有做，但正计划要做的，就是到挖掘现场去看看。"怀履光不仅是一位具有狂热宗教信仰的传教士，还是一个执行力极强的实践者；他不仅这么说了，而且也是这样做的。

6 月 27 日，怀氏从洛阳回到开封，按捺不住喜悦的心情，将洛阳考察的重要收获告诉了远在大洋彼岸的安大略博物馆格林威小姐："我现在总算对实际发掘情况有了一定的清楚认识，也从我们的传教士约翰·林多贝克（John W.Lindbeck）先生那里得到一手消息。该墓刚开始发现和挖掘时，他就在那。" 8 月 4 日，怀氏致信该馆馆长柯雷利："到目前为止，我们应该有关于这座墓葬的重要信息：地点、年代、墓葬内部结构，当然还有大量的随葬品……这座墓葬真是了不起的杰作。"[1]

将怀氏洛阳之行前后的信函联系起来看，我们有理由相信，在洛期间，怀履光住在美国传教士林多贝克家中，还得到了热心帮助。怀氏亲赴金村大墓现场考察，甚至可能与相关人员有过接触，进一步了解大墓的形制结构、随葬器物等重要信息。虽然他的日记中没有记录，只能说是"笔断而意连"，他对去金村考察

---

[1]　沈辰：《金村传说：怀履光与洛阳文物之谜》，《美成在久》2017 年 5 月。

图 1-11 位于汉魏洛阳故城西面 12 英里的洛阳火车站

一事有意回避。在怀氏日记中，关于在洛阳的记录，未曾提到金村，有学者由此猜测他想去金村发掘的愿望没有实现。没有文字记录，不等于事实不存在。正如历史学家蒙文通所说："读书不仅要从文字记载中看出问题，还要能从不记载处看出问题。不记载也从另一个方面反映了问题。"[1]

更具说服力的证据是，在《洛阳故城古墓考》前四章中，配有18幅黑白照片作为插图，主要反映了金村大墓所在的洛河平原、北面邙山的黄土丘陵地貌、李密城南面流淌的洛河、古墓冢分布现状、民间交通工具双轮马车、洛阳地区人们的生活场景等真实画面（图1-12至图1-17）。怀氏在前言中明确告诉读者，书中大部分插图是他自己拍摄的[2]。上述部分与金村大墓密切相关的插图，是怀氏亲赴金村实地勘察的有力证据。虽然怀氏对其洛阳之行讳莫如深，能够见到的文字记载寥寥无几，但公开发表的黑白照片却将其行踪忠实地记录下来。

我认为，怀氏在日记中有意略去了赴金村考察一事。他去洛阳的主要目的就是为了到金村大墓现场看一看，对地理形势、墓葬分布、形制结构及随葬品的位置有一个更加全面、深入的了解，为写书收集原始资料。由此推测，怀氏考察金村大墓的时间应是1932年6月24日至26日。他在金村考察的过程虽然在日记中没有记录，却将调查结果以文图的形式呈现出来，印在《洛阳故城古墓考》这本书中，说明了什么问题？说明怀氏不仅在1932年6月亲临金村大墓现场勘察，而且可能与部分参与盗掘的人员有过接触。"有时出土诸物，无从定其出处，然以照片示诸熟悉此墓发掘情形之人，辄能言其来源，历历无误。"[3]除了日记之外，

---

[1] 蒙文通：《治学杂语》，蒙默编：《蒙文通学记》（增补本），第13页。

[2] ［加］怀履光：《洛阳故城古墓考》，上海别发印书馆，1934年，前言第1页。

[3] 《韩君墓发见略记》，《国立北平图书馆馆刊》第七卷第一号，第145页。

图 1-12　金村大墓北面的邙山黄土丘陵地貌

图 1-13　洛河流过李密城的南端

图 1-14　双轮马车是洛河流域旅行者通常乘坐的交通工具

图 1-15　河南地区较重的货物运输是用数头牲口拉着的双轮马车

图 1-16　洛阳民众在黄土崖下营造用于居住的窑洞

图 1-17　洛阳乡村土崖边上的茶摊

1-12	1-13
1-14	1-15
1-16	1-17

他应该还有一本秘不示人的调查记录本，详细记录了他在洛阳金村的考察收获，成为他著书立说的资料基础。

《洛阳故城古墓考》中的文图分析

金村大墓所在的汉魏洛阳城遗址，唐代被称作"故洛城"，简称"故城"，意为旧时之城，宋代沿用此名，今人习惯称之为"汉魏故城"或"汉魏洛阳故城"。

> 秋风吹故城，城下独吟行。（唐·崔涂《夕次洛阳道中》）
> 故城门外春日斜，故城门里无人家。（唐·钱起《过故洛城》）
> 春风不识兴亡意，草色年年满故城。（宋·司马光《过故洛阳城二首》）[1]

1934 年，怀履光所著《洛阳故城古墓考》英文版由上海别发印书馆出版。黄褐色硬壳精装，封面左侧竖排烫金篆书体"雒阳古城古墓考"七字，右上为英文大写书名"TOMBS OF OLD LO-YANG"，右下角为残豆、壶的形象。扉页中央为两列竖排仿宋体字——"洛阳故城古墓考"、"怀履光著"（图1-18）。封面与扉页上的书名不一样，推测原拟书名为"雒阳古城古墓考"，为避免书名中重复出

---

[1] 中华书局编辑部点校：《全唐诗》（增订本）卷六七九《崔涂》，中华书局，1999 年，第 7834 页；《全唐诗》卷二三九《钱起》，第 2681 页；李文泽、霞绍晖校点整理：《司马光集》卷六《律诗一》，四川大学出版社，2010 年，第 145 页。

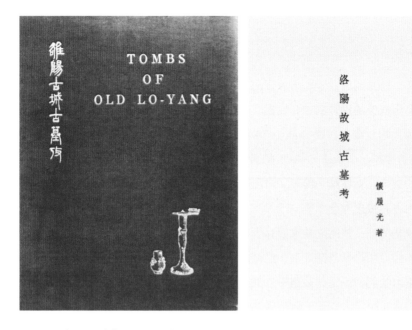

图 1-18 《洛阳故城古墓考》封面与扉页

现"古"字，后改为"洛阳故城古墓考"。"故城"一词见于唐诗，略显雅致。但因封面设计及书名题字已经完成，不便再作修改，以至于出现两种书名，目前学术界引用时一般采用后者。

　　除了前言、索引之外，《洛阳故城古墓考》主要分为正文、详细描述与图版三部分。正文包括遗迹、遗物介绍，涉及墓葬分布、形制结构与随葬器物的摆放位置等基本信息，还有一些插图。因为是盗掘，而非科学的考古发掘，所以写作难度极大，"墓之发掘，纯用土法，掘墓者亦严守秘密。是以只能间接探询，参伍比互，以知其概"[1]。在前言中，怀氏提到写作此书得到了安大略博物馆柯雷利

---

[1]《韩君墓发见略记》，《国立北平图书馆馆刊》第七卷第一号，第145页。

馆长的指导。柯雷利毕业于加拿大多伦多大学，获得埃及考古博士学位，曾经参与埃及古文化遗址的田野调查和发掘。他是安大略博物馆第一任馆长，积极推动该馆的中国文物收藏。1918 年到 1924 年期间，他通过在中国做皮货生意的英国人乔治·克劳弗斯（George Crofts）购买了大量中国文物（图 1-19）[1]。柯雷利在考古学方面的指导，对怀履光编著《洛阳故城古墓考》起到了关键作用，使该书在体例、结构方面接近专业水平。

沈辰撰文考证，依据陈梦家留存于芝加哥艺术学院的手稿所述，怀履光是在一位金村木匠口述信息的基础上，绘制的墓葬平面图，遗址位置图则是由一位中国工程师帮忙绘制的。这些墓葬平、剖面线图的草图手稿现藏于加拿大多伦多大学图书馆档案室中 [2]。至于《韩君墓发见略记》一文中发表的正式线图，则由于冠英重绘。该文文前编者按提道："本文所用地图及韩君墓图为于冠英先生所重绘，谨应致谢。"[3]

值得一提的是，怀氏书中发表的汉魏洛阳城遗址平面图，是目前所见最早的汉魏洛阳故城遗址平面实测图 [4]。它见于三种书刊，一是 1933 年首次发表于《国立北平图书馆馆刊》第七卷第一号，二是 1934 年出版的《洛阳故城古墓考》，三是 1939 年出版的《中国古墓砖图考》。图上标注的文字，第一幅为中文，第二、三幅为英文。怀氏主持绘制的这幅实测图，激发了中国学者劳干绘制有关北魏洛阳城的复原图，底图就是来自《中国古墓砖图考》所附的《洛阳古城图》。正如

---

[1] 沈辰、徐婵菲：《怀履光与洛阳出土的西汉画像空心砖》，[加]怀履光著，徐婵菲、沈辰译：《中国（洛阳）古代墓砖画像：公元前三世纪西汉墓砖考古学研究》，中州古籍出版社，2014 年，第 3 页。

[2] 沈辰：《金村传说：怀履光与洛阳文物之谜》，《美成在久》2017 年 5 月。

[3]《韩君墓发见略记》，《国立北平图书馆馆刊》第七卷第一号，第 145 页。

[4] [加]怀履光著，徐婵菲译，沈辰校：《中国（洛阳）古墓砖图考》，中州古籍出版社，2014 年，第 10 页。

图 1-19　克劳弗斯为安大略博物馆购买的部分中国文物

他在论文附记中所说："洛阳城图的复原，本有此动机，而决定此工作，却由于石璋如先生谈到怀履光牧师的实测洛阳图。"[1] 由此可见，怀履光主持绘制的汉魏洛阳城遗址实测图具有较为重要的学术价值。

在《洛阳故城古墓考》一至四章中，还配有 18 幅作为插图的黑白照片，大多为怀履光拍摄。与邙山地理形势有关的图片 6 幅，表现洛河平原上墓冢分布的图片 1 幅，马车图片 2 幅，与李密城相关的图片 7 幅，直接与金村大墓相关的图片 2 幅。所谓"李密城"，因隋末李密曾经带兵驻扎于汉魏洛阳故城西北隅的金墉城内，故当地百姓将整个汉魏洛阳故城遗址笼统地称为"李密城"。据《隋书·李密传》记载，隋末，炀帝遣王世充率江淮劲卒五万讨伐李密。双方在洛阳一带激战。"密于是修金墉故城居之，众三十余万。"[2] 怀履光拍摄了李密城内外的一些遗迹、建筑等，包括一座墓冢，一座小庙，从李密城西眺白马寺佛塔，从白马寺通往李密城的道路，自金村大墓南眺土台，位于李密城东南隅一条老路左侧的一座拱门，流经李密城南端的洛河（图 1-20 至 1-27）。此外，他还拍摄有一幅位于李密城西侧白马寺齐云塔的图片（图 1-28）[3]。

与金村大墓直接相关联的两幅图片，应是怀氏亲临金村大墓现场考察时拍摄的。插图 17 说明文字译为"从一座马坑向北眺望，背景中的土墙是李密城城墙的一部分"。从近景来看，这是一座还没有完全填实的土坑，此即陪葬大墓的马坑遗迹，坑周围的地表裸露，没有植被。作为背景的是一道土墙，这是汉魏洛阳

---

[1] 劳干：《北魏洛阳城图的复原》，《国立中央研究院历史语言研究所集刊》第 20 本上册，1948 年，第 299 页。后收入中华书局编辑部编：《"中研院"历史语言研究所集刊论文类编·历史编·魏晋隋唐五代卷》一，中华书局，2009 年，第 1015 页。劳干（1907—2003），"中研院"院士，历史学家。

[2] 《隋书》卷七〇《李密传》，中华书局，1973 年，第 1630 页。

[3] ［加］怀履光著，徐婵菲译，沈辰校：《中国（洛阳）古墓砖图考》，第 23 页，插图 16。

图 1-20　李密城内众多墓冢之一

图 1-21　李密城附近的一座小庙

图 1-22　从李密城西眺白马寺佛塔

图 1-23　从白马寺通往李密城的道路

图 1-24　自金村大墓南眺土台

图 1-25　眺望东南隅（一座拱门位于李密城一条老路的左侧）

1-20	1-21
1-22	2-23
1-24	2-25

1-26	1-27
1-28	

图 1-26 从一座马坑向北眺望（背景中的土墙是李密城城墙的一部分）

图 1-27 其中一座被挖开尚未回填的墓葬坑

图 1-28 位于汉魏洛阳城址西侧白马寺金代齐云塔

故城北面夯土城垣遗址（参见图 1-26）。据记载，金村大墓第 V 号墓南面正中有一条长墓道，"此道两侧约五十呎，另有隧道二，亦广约十呎，长仅五十呎，最深处十呎至十二呎不等。此二隧道之南端与墓道略齐。土人以在此处只发现马骨及车上零件，因称之为'马坑'。各墓之隧道及'马坑'俱用钻探法掘之，非完全开掘也"[1]。

结合目前掌握的图片与文字资料分析，有三点认识：第一，金村大墓第Ⅰ、V、Ⅶ号三座墓南面墓道两侧，均有一座"马坑"，共计 6 座；第二，"土人以在此处只发现马骨及车上零件，因称之为'马坑'"，说明当地村民不仅盗掘了大墓，而且还探出马坑位置，并挖开了个别马坑，发现马骨及车马器，依坑中所见"车上零件"推测，可能并非纯粹的马坑，应该是车马坑，由于车体及两轮已朽，非专业考古人员很难清理出车体全貌；第三，插图 17 反映的应是被挖开车马坑坑口的情形。

另一幅是插图 18，这是一幅古墓葬的墓口黑白照片，插图说明文字为"其中一座被挖开尚未回填的墓葬"，这是唯一一张反映金村大墓墓口盗掘现场的图片（参见图 1-27）。从墓口暴露、略呈方形推测，这座墓应是怀氏编号为金村第 V 号墓的墓口。由于墓内中下部为积石积炭，盗掘"困难，遂将土完全移去，该处成一四十呎深之大方穴。……此种之墓，虽有八座，唯以开掘工程甚巨，故完全开发者，只有一墓，即《韩君墓地形图》中之第 V 号墓；其他各墓则俱于墓门处开一井穴，以便入墓携取物品出外"[2]。意即只有第 V 号墓的墓口是大揭顶之后进行盗掘，将墓内填土运出墓外。其余墓葬皆为打竖井，通过墓门直接进入墓室掏挖。

[1]《韩君墓发见略记》,《国立北平图书馆馆刊》第七卷第一号，第 146 页。

[2]《韩君墓发见略记》,《国立北平图书馆馆刊》第七卷第一号，第 146—147 页。

所以，V号墓容易被识别辨认出来。

仔细研读这幅插图，墓口上杂草丛生，墓葬土壁立面坑洼不平，有多个窟窿，残留多条小冲沟，这应是雨水长期冲刷造成的。由此判断，拍摄墓葬照片与该墓盗掘之间已有相当长的一段时间。墓口上部较高位置堆积起来的，应该是挖掘墓葬时由内向外翻出的墓葬上部填土。

现藏国内博物馆传金村出土青铜器考辨

目前，中国境内留存至今的传金村出土文物，一般认为仅有大铜鼎、铜尺、"命瓜壶"三件，以往记载分别收藏于洛阳博物馆、南京大学博物馆和清华大学。[1] 我对此问题重新进行了系统梳理，有了一些新的收获。这些文物，可以说是劫后余生，令人略感欣慰。

盖鼎

俗称"大铜鼎"，现藏洛阳博物馆。据文物档案显示，传20世纪20年代出土于孟津县平乐乡金村东周大墓。高60、口径56.7厘米（图1-29）[2]。这件盖鼎有

---

[1] 洛阳市地方史志编纂委员会编：《洛阳市志》第14卷《文物志》，第407页。

[2] 2021年8月10日，洛阳博物馆提供基本信息；洛阳博物馆编：《河洛文明》，中州古籍出版社，2012年，第137页。

图 1-29 洛阳博物馆藏青铜盖鼎

图 1-30 传金村出土青铜盖鼎

可能是 20 世纪 50 年代从河南省博物馆调拨至洛阳博物馆的，此事尚待进一步核实 [1]。《洛阳故城古墓考》中也收录有两件盖鼎（图1-30），与洛阳博物馆藏铜鼎形制相同。

铜尺

现藏南京大学博物馆。根据美国学者福开森所记，这是一件流传有绪的器具。1932 年 12 月，福开森收到他的朋友怀履光来自开封的书信，信中谈到洛阳金村周墓出土大量古物。"彼于所得骉钟之外，尚见石磬、铜尺及其他之物。盖墓于先一年（一九三一）为土人私掘，其中有文字之器为骉钟，庐江刘晦之君得十二枚，怀主教得二枚，当时考释者有刘节、吴其昌、唐兰、徐中舒、郭沫若诸君，刘吴唐徐皆认为周灵王时，郭则认为周安王时，是则此尺之为春秋或战国时物可无疑义。"福开森回信并购买了一件铜尺，怀氏邮寄给他。它的形制如同西域出土木简，一端有孔，可以系组。"分寸于其侧，惟第一寸有分，其余九寸无之，当五寸之处并刻交午线。" [2]

1934 年，福开森将自己收藏的一千余件中国文物捐赠给金陵大学，暂由福氏委托的故宫博物院代管，曾在故宫文华殿展出。中华人民共和国成立后，金陵大学中国文化研究所李小缘所长赴北京运回了寄存故宫多年的福开森捐赠文物。后金陵大学与南京大学文、理学院合并，成立新的南京大学，包括铜尺在内的福开森捐赠文物入藏南京大学图书馆，后移交该校历史系文物室，在此基础上成立

---

[1] 2021 年 8 月 8 日，据洛阳市文物考古研究院研究员蔡运章先生告知。

[2] ［美］福开森：《得周尺记》，《工业标准与度量衡月刊》1935 年第 2 卷第 1 期，第 1—3 页。

图 1-31　南京大学博物馆藏铜尺

了博物馆 [1]。历经曲折的铜尺珍藏该馆至今（图 1-31）。

　　该铜尺宽 1.7、厚 0.4 厘米，各书记载宽度与厚度数据均同。只是长度略有差异：第一种数据为 23.1 厘米 [2]，第二种数据为 23.09 厘米 [3]；第三种数据为 23 厘米，图录编撰者认为此器为目前所知我国最早的一件青铜尺 [4]。对于该铜尺的年代，丘光明先生提出："此尺当年经吴其昌、唐兰、郭沫若等鉴定，均认为是东周遗物。罗福颐、杨宽亦定其为东周尺。"[5]

———————

[1] 蒋赞初：《南京大学文物珍品图录·前言》，洪银兴、蒋赞初主编：《南京大学文物珍品图录》，科学出版社，2002 年，第 1—2 页。

[2] 国家计量总局等编：《中国古代度量衡图集》，文物出版社，1984 年，第 2、3 页，图三。

[3] 丘光明：《中国历代度量衡考》，科学出版社，1992 年，第 6、7 页。

[4] 洪银兴、蒋赞初主编：《南京大学文物珍品图录》，第 23 页，图 38，图版说明第 201 页。

[5] 丘光明：《中国历代度量衡考》，第 6 页。

令狐君孺子壶

俗称"命瓜壶"，可能是源于壶颈上所刻铭文中的"命瓜"二字，实则应释读为"令狐"，以往也被称为"嗣子壶"，今称作"令狐君孺子壶"[1]。战国中期铸造，壶高 46.5、口径 14.8 厘米（图1-32）。传 1927 年出土于河南洛阳金村[2]。现藏中国国家博物馆，而非旧说的藏于清华大学。

此壶侈口长颈，圆腹，低圈足，盖周边有镂空蟠螭纹莲瓣，肩上有一对小钮衔环耳。周身饰蟠螭纹带。此壶颈外部有铭文 50 字（其中重文 3，图1-33），铭文释文为：

> 唯十年四月吉日，命（令）瓜（狐）君孺子，乍（作）铸尊壶，東東（简简）
> 兽兽（优优），康乐我家，犀犀康盘，承受屯（纯）德，旂（祈）无疆，至于
> 万意（亿）年，子之子，孙之孙，其永（用之）。[3]

该铜壶原为一对，民国时期均流失海外，分别收藏于皇家安大略博物馆（图1-34）与旅居美国纽约的中国古董商人卢芹斋手中（图1-35）。后经知名学者陈梦家劝说，卢氏愿意将此壶捐赠国内，收藏于清华大学文物陈列室。1959 年，调拨至中国历史博物馆（中国国家博物馆前身）。现在国博"古代中国"基本陈列展出。1948 年 12 月 7 日，陈梦家撰文记述了这件青铜器回归祖国的细节。1944

---

[1] 赵平安：《释战国文字中的"乳"字》，收入氏著《金文释读与文明探索》，上海古籍出版社，2011 年，第 112-117 页；郭永秉：《从战国楚系"乳"字的辨释谈到战国铭刻中的"乳（孺）子"》，氏著《古文字与古文献论集续编》，上海古籍出版社，2015 年，第 10 页。

[2] 中国历史博物馆编：《华夏之路》第二册，朝华出版社，1997 年，第 11 页。

[3] 中国社会科学院考古研究所编：《殷周金文集成》（修订增补本）第六册，中华书局，2007 年，第 5109 页。

图 1-32　中国国家博物馆藏战国令狐君孺子壶

图 1-33　国博藏战国令狐君孺子壶铭文拓本

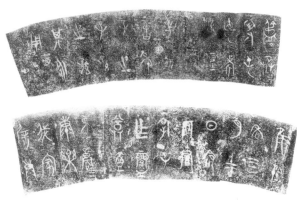

图1-34 皇家安大略博物馆藏战国令狐君孺子壶及铭文拓本

图1-35 卢芹斋像

年到 1947 年，陈梦家在美国、欧洲考察，集中力量搜集流失海外的中国古代青铜器图像资料，得到了卢芹斋的大力支持。1947 年 8 月初，陈梦家由纽约飞往欧洲。临别之际，希望卢氏能够对他回国筹备清华大学博物馆有所赞助。卢氏答应，并说凡有铭文的重要铜器，他很愿意它们回国。陈氏当即指名要此壶，卢氏说等建立博物馆一事有了眉目，他就寄回来。等到 1948 年 8 月初，该壶由纽约航空公司运来，8 月底到达北平。直到 12 月初，才到达清华大学。陈梦家在文末写下了如此感慨："现在这件铜器居然平安的（地）放在陈列室，我个人有无限的（地）快慰。并不是因为在我们的收藏之中更多了一件重要的铜器，倒是为了这件重要铜器渡重洋寄居巴黎、纽约二十年之久，现在又回到了老家。" [1]

四虎镜

上海博物馆收藏一面四虎镜，直径 12.2 厘米，重 710 克（**图 1-36**），传 1948 年河南洛阳金村出土 [2]。金村大墓被盗掘时间为 1927—1931 年，上述铜镜出土时间为 1948 年，推测或为 1928 年之笔误，或为早年出土，收藏日久，待 1948 年才被出售，流传于世；或者并非洛阳金村

图 1-36　上海博物馆藏战国四虎镜拓本

[1] 陈梦家：《洛阳出土嗣子壶归国记》，《文物天地》1997 年第 2 期。

[2] 陈佩芬：《上海博物馆藏青铜镜》，上海书画出版社，1987 年，图版 1，考证第 1 页。

东周大墓出土。这面铜镜的来源，是 20 世纪 50 年代初，由军管会高教处调拨给上海博物馆 [1]。

跽坐俑

1957 年，有学者在介绍上海博物馆展览时谈到，"展品中金村出土的铜俑也是一件珍品" [2]，铜制的俑是比较稀见的。根据这一线索，我恳请上海博物馆同行帮忙查询该馆资料档案，在 20 世纪 50 年代的陈列目录中没有找到，但大纲里讲到有一件铜俑。又查了藏品系统，有可能是这件跽坐俑（图 1-37），为 20 世纪 50 年代初征集入馆，看造型、面相有点像金村出土的铜俑 [3]。此外，河南博物院收藏有少量传金村出土铜镜、车马器等小型铜器。

综上所述，本书重点讨论的问题，一方面是金村文物的流传史，即发现—盗掘—买卖—收藏，基本还原了一条较为完整的金村文物流传数据链，通过对金村大墓盗掘人员构成的分析，可以断定盗掘之时，怀履光不在现场；另一方面，我认为在金村大墓盗掘结束之后，怀履光曾经亲赴金村大墓现场勘察，对汉魏洛阳城遗址进行了实测，拍摄了一定数量的黑白照片，对相关人员做了访谈，得到了关于金村大墓数量、分布、墓葬形制结构及随葬品位置等诸多重要信息，这些收获充分体现在后来出版的《洛阳故城古墓考》一书中。

今天我们回望九十年前发生的这些事情及其相关联的人物时，五味杂陈。在那

---

[1] 据 2021 年 8 月 9 日上海博物馆马今洪先生告知。

[2] 郑为：《祖国丰富的文化艺术——上海博物馆介绍》，《文物参考资料》1957 年第 8 期。

[3] 2021 年 12 月 7 日，上海博物馆马今洪先生告知。

图 1-37 上海博物馆藏战国铜俑

样一个军阀混战、兵荒马乱的岁月里，洛阳地区大量古墓葬惨遭灭顶之灾，金村大墓是最具代表性的一例。因《洛阳故城古墓考》《洛阳金村古墓聚英》的出版，金村大墓名扬海内外，可以说怀履光具有开创之功。同时，我们也应该清醒地看到怀氏之过："怀履光早期搜集中国文物虽然是通过购买，合法地运到国外……1930 年以后，他明知中国法律禁止文物出境，仍利用种种手段进行偷运，甚至在 40 年代来华的时间里仍没有忘记盗取中国宝贵的青铜器，其掠夺和盗窃的本质暴露无遗。"[1]

金村，浓缩了一段遥不可及的神秘往事；金村，承载了国人无法言说的切肤之痛。

[1] 宋家珩主编：《加拿大传教士在中国》，东方出版社，1995 年，第 286 页。

一 「举」两得的人像柱

英国大英博物馆藏汉代人像砖柱出土时地与性质功能

图 2-1　陈列于大英博物馆中国馆的人像柱

　　1942 年, 英国大英博物馆入藏一件中国汉代人像空心画像砖柱（以下简称"大英人像柱"，器物编号为 1942,1010.1 ），传发现于河南郑州。由约翰·斯帕克斯公司资助，购于英国艺术基金会（The Art Fund ）[1]。

　　以往鲜有学者对这件人像柱进行深入探讨。2016 年到 2018 年期间，我在参与编撰《海外藏中国古代文物精粹·英国大英博物馆卷》时，得以见到人像柱的高清晰图片，对其细部做了认真观察。2018 年 11 月 21 日上午，我又在大英博物馆中国馆展厅，对这件人像柱进行了仔细观察（图2-1）。论文写作过程中，我陆续收集到海内外 20 件与之相似的人像柱资料，还有一件兽形柱发掘资料，其

[1] Jessica Harrison-Hall, *China: A History in Object*,p.71, Thames & Hudson Ltd., London,2017；王春法主编：《海外藏中国古代文物精粹·英国大英博物馆卷》，安徽美术出版社，2018 年，第 456—457 页，图 206。

图 2-2 法国赛努奇博物馆藏品（左）、美国波士顿美术馆藏品（中）、美国夏威夷火奴鲁鲁艺术博物馆藏品（右）

中一些在国外博物馆展出（图2-2）。今以大英人像柱为例，结合考古发掘品、传世品资料、历史文献，对大英人像柱的出土时地、性质及功能等问题，作出较为明确的诠释[1]。

大英博物馆人像柱的结构与纹饰

这个人像柱为空心画像砖柱，属于墓室中的建筑构件，通高114厘米（图2-3），

---

[1] 霍宏伟：《大英博物馆藏汉代人像砖柱出土时间地点及功能探微》，《故宫博物院院刊》2020年第2期。收入本书时略作修改、补充。

图 2-3 大英博物馆藏人像柱

分为上、下两个部分。上部是陶塑人像，下部是模印阳纹画像的长方体立柱。最上部为全身像，形象较夸张，尤其是比例失调，头部硕大，几乎与身体等大。头顶平整，中央有一椭圆形洞。人像面部纵长，额头方正，下颏略圆。前额上部阴刻一条横线，与贯通鼻梁的纵线垂直相交于前额中央。额头表面略有残损。五官豪放，粗眉大眼，横眉立目，眼珠突出，鼻梁高挺，嘴部微张，嘴角两侧各刻三条弧线，表示三根胡须。下颏阴刻一条较为平直的弧线，基本与下颏外轮廓线平行。颏下阴刻较为密集的短直线与斜线，象征胡须。这应该是戴着面具的一种表现形式。脸颊两侧各塑出突起的月牙形，并加以阴线刻，代表耳部。面目狰狞，相貌凶恶。局部可见白灰残迹，推测原本敷彩，惜大多不存（图 2-4）。

人像巨大的头颅下接短小的身躯，形成强烈反差。颈下以双道阴线刻出 V 字形衣领。用塑造加阴线刻的形式来表现四肢，双手横置于胸前，臂下刻出数道纵横线纹，似象征羽翼。双腿蜷曲，位于身体两侧。双膝浑圆，突出于前部，骑坐于砖柱之上，其间正中模印一枚圆形飞鸟纹。其创作手法较为自由、写意，整体风格粗犷。

若从建筑学的角度分析下部砖柱，将其看作仿木质构件的楹柱，则分为柱头、柱身及柱础三部分。

图 2-4 大英博物馆藏人像柱特写

图 2-5　大英博物馆藏人像柱柱头、柱身、柱础特写

柱头仿栌斗，正面略呈方形，柱身为长方体，柱础略呈倒梯形。柱头正面模印的主体纹饰为双龙衔尾纹，俗称"双龙咬尾纹"或"二龙咬尾纹"，上、下各以四条凸起的弦纹，与作为边饰的菱形乳丁纹相隔。边饰之外，再饰以两条弦纹。柱头侧面模印圆形飞鸟纹。

柱身正面以两列双龙衔尾纹作为主体纹饰，纵向展开。每一列纹饰包括一条回首龙、两条咬尾龙纹，两列之间以三条纵向弦纹相隔。正面两侧45°抹角，边饰为菱形乳丁纹。柱身侧面的主要纹饰，是模印两列圆形飞鸟纹，边饰仍为菱形乳丁纹。下接菱形乳丁纹方座。柱础部分装饰与柱头正面纹饰相同，仍以双龙衔尾纹作为主体纹饰。以两行菱形乳丁纹为边饰，分列于双龙衔尾纹上、下（图2-5）。

人像柱的出土时地与年代判断

根据大英博物馆出版物的信息，这件人像柱"发现于河南郑州"。因其为传世品，来源是否如其所述？究竟为何时何地出土？这些问题有进一步讨论的必要。

图 2-6 周口西华县东斧柯村出土双龙衔尾纹画像砖局部拓本

出土地点与砖柱年代

1. 人像柱出土地点辨析

目前，在中国境内尚未查到与大英人像柱上部人像完全相同的汉代砖柱资料，只能将搜寻重点放在与其下部模印纹饰相同或近似的资料方面，通过纹饰比对来确定这件砖柱的出土区域。综观大英人像柱下部装饰纹样，主要由双龙衔尾纹、菱形乳丁纹及圆形飞鸟纹三种纹饰构成。据大英博物馆公布的基本信息，我检索了郑州地区大量汉代空心画像砖墓考古发掘资料及画像砖图录，却未曾见到该地区出土汉代空心画像砖有上述三类饰纹，随即将资料搜寻范围从郑州地区向南扩展到位于河南中部的周口、许昌一带，结果找到了突破口。现将三种纹饰的相关资料列出，分别进行详细比对。

（1）双龙衔尾纹

双龙衔尾纹画像砖征集品出土时间不甚清楚，却有着较为明确的出土地点，主要见于周口地区西华、扶沟两县，许昌市的长葛市，包括以下资料。

第一例，1985 年 5 月，周口西华县文物普查队在位于该县城西 4 公里的东斧柯村北发现了数以千计、形制多样的画像砖，时代跨度较大，自西汉晚期至东汉晚期的画像砖均见。其中有空心画像砖柱，亦有饰以双龙衔尾纹的画像砖（图2-6）[1]。

---

[1] 张志华、王富安：《西华东斧柯村发现汉代画像砖》，《中原文物》1987 年第 1 期。

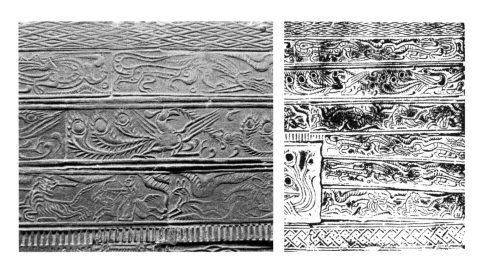

图 2-7　西华县东斧柯村出土仙人戏凤画像砖及拓本局部

画像砖上的双龙衔尾纹拓本与大英博物馆人像柱下部主体纹饰进行比较，完全相同。另外，河南博物院在东斧柯村征集到一批东汉画像砖。其中有一块横长方形仙人戏凤画像砖。在题材多样的主体纹饰中，模印三行双龙衔尾纹，下部边饰则为一行变形菱形乳丁纹（图 2-7）[1]。这件画像砖上的三行双龙衔尾纹与大英人像柱下部纹饰略有不同，前面一条龙的尾巴未能衔于后面龙的嘴里，而是位于其龙体内侧；同为阳纹模印，线条却印得较浅，立体感不强，反映了同一主题纹饰在不同时间段呈现出一定的细微差异。

第二例，1985 年 5 月，周口扶沟县博物馆在该县白潭乡西孙家村征集到汉

---

[1] 周到、王景荃主编：《中原文化大典·文物典·画像砖》，中原出版传媒集团、中州古籍出版社，2008 年，第 201 页，图三。

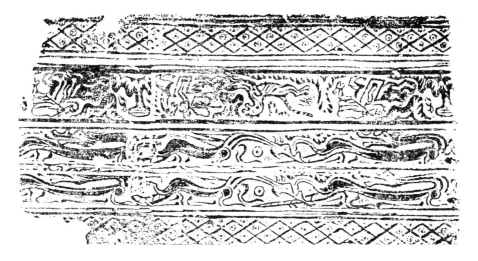

图 2-8　周口扶沟县白潭乡西孙家村出土双龙衔尾菱形乳丁纹画像砖局部拓本

代画像砖 9 块。据调查，这些砖出自一座画像砖墓。其中门阙画像砖两块，大小、形制相同。双重四阿式顶。阙体正面模印阳纹装饰。画面为横向展开，分别为一行骑马狩猎图、两行双龙衔尾纹（图2-8）。门楣砖一块，上为单面檐，下饰树纹与菱形乳丁纹（图2-9）[1]。值得注意的是，西孙家村所见画像砖上的双龙衔尾纹，后一条龙颈下饰一枚乳丁纹，与法国赛努奇博物馆藏两件人像柱下部纹饰相同。

　　第三例，许昌博物馆在许昌地区所辖长葛市征集到两件空心画像砖柱，柱上模印的主体纹饰为双龙衔尾纹，以菱形乳丁纹作为边饰（图2-10）[2]。

　　由以上画像砖征集品所确定的双龙衔尾纹画像砖分布的地域范围，可以大致

[1] 韩维龙、秦永军、贺万章：《河南扶沟发现汉代画像砖》，《考古》1988 年第 5 期。

[2] 黄留春：《许昌汉砖石画像》，河南美术出版社，1994 年，第 26—27 页。

图 2-9 周口扶沟县白潭乡西孙家村出土树纹与菱形乳丁纹画像砖局部拓本

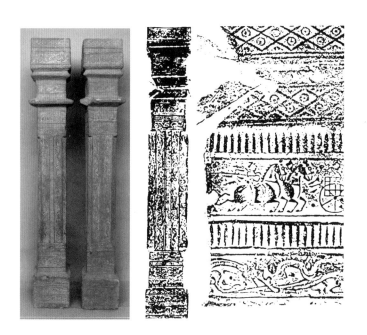

图 2-10 许昌长葛市出土双龙衔尾菱形乳丁纹画像砖柱与拓本

划定在周口地区的西华、扶沟两县和许昌长葛市。

（2）菱形乳丁纹

菱形乳丁纹画像砖的发现区域，主要分布于周口、许昌地区，零星资料见于开封尉氏县一带。考古发掘资料仅见一条，其他多为征集品，现将收集到的汉代画像砖上的菱形乳丁纹资料略做梳理。

第一例，1984年1月，在周口扶沟县城西北15公里的吴桥村清理一座新莽时期画像砖墓。出土残陶罐4件，大泉五十铜钱9枚。在一块带有"亭长"榜题的画像砖右侧边缘，模印一列菱形乳丁纹（图2-11）[1]。

第二例，扶沟县出土一块西汉晚期至东汉早期横长方形执盾武士画像残砖，上部模印一行菱形乳丁纹（图2-12）[2]。

第三例，许昌禹州市出土西汉晚期至东汉早期山林狩猎画像砖，上下各有一行菱形乳丁纹作为边饰，中间四行主体纹饰相同，均为山林狩猎画像（图2-13）[3]。

图2-11 扶沟县吴桥村新莽时期墓出土"亭长"铭菱形乳丁纹画像砖局部拓本

[1] 郝万章：《扶沟吴桥村发现汉代画像砖》，《中原文物》1984年第3期。

[2] 周到、王景荃主编：《中原文化大典·文物典·画像砖》，第197页，图二一。

[3] 周到、吕品、汤文兴编：《河南汉代画像砖》，上海人民美术出版社，1985年，图八〇。

图 2-12　扶沟县出土执盾武士菱形乳丁纹画像残砖拓本

图 2-13　许昌禹州市出土山林狩猎菱形乳丁纹画像砖局部拓本

第四例，许昌博物馆收藏一件长葛市出土的武士执盾空心画像砖，在左边框凤纹下以菱形乳丁纹作为边饰[1]。

第五例，开封尉氏县出土一件西汉晚期至东汉早期竖长方体山林狩猎空心画像砖柱，下半部分残缺。柱身模印三列作为边饰的菱形乳丁纹（图2-14）[2]。

第六例，河南省文物考古研究院收藏一件据说出土于郑州的西汉晚期至东汉早期山林狩猎画像砖。中间主体纹饰为四行模印山林狩猎纹，上、下两端各模印一行菱形乳丁纹作为边饰[3]。通过和许昌禹县出土山林狩猎画像砖拓本的认真比对，我认为这两幅画像砖拓本应是拓自同一块画像砖，出土地点仍是许昌禹县。

图2-14　开封尉氏县出土山林狩猎菱形乳丁纹画像残柱拓本

除了上述画像砖模印菱形乳丁纹之外，还发现有变形菱形乳丁纹资料。除河南博物院在东斧柯村征集到仙人戏凤画像砖下部边饰为一行变形菱形乳丁纹之外，还有一件山林狩猎画像砖柱，在柱头、柱身及柱础分别模印一至两行变形菱形乳丁纹（图2-15）[4]。另有一对西华县石羊城出土的画像灰陶阙，阙身两侧边缘模印变形菱形乳丁纹[5]。在西华县征集到的画像砖、砖柱上的变形菱形乳丁纹，

[1] 黄留春：《许昌汉砖石画像》，第22—23页。

[2] 周到、王景荃主编：《中原文化大典·文物典·画像砖》，第194页，图一八。

[3] 《中国画像砖全集》编辑委员会编：《中国画像砖全集》2《河南画像砖》，四川美术出版社，2006年，第25页，图二四。

[4] 周到、王景荃主编：《中原文化大典·文物典·画像砖》，第298页，图二四。

[5] 河南博物院：《河南出土汉代建筑明器》，大象出版社，2002年，第127页，图版一一三。

图 2-15　西华县东斧柯村出土山林狩猎画像砖柱

图 2-16 大英博物馆藏人像柱上模印的圆形飞鸟纹

特点是每个菱形单元线条不是闭合的，位于中间圆圈加点的乳丁纹，已简化为一个实心小点。从其设计风格来看，应是与菱形乳丁纹一脉相承，其年代有可能晚于前者。

（3）圆形飞鸟纹

大英人像柱上部人像肚脐部位处模印一圆形飞鸟纹（图 2-16），柱头、柱身两侧印有圆形飞鸟纹，此类纹饰亦见于美国芝加哥美术馆藏一对汉代画像砖墓门（图 2-17）。该墓门于 1924 年购自张静江开办的通运公司[1]。在两扇墓门上部均模印一行五枚圆形飞鸟纹。馆方推测这对墓门来自河南郑州，今与许昌博物馆藏汉代画像砖进行比对（图 2-18），两者有诸多相似之处。流失海外的这一对墓门有可能来自许昌地区。

据已发表画像砖资料分析，双龙衔尾纹画像砖主要出土于河南周口西华、扶

---

[1] 据徐津博士告知。

图 2-17 美国芝加哥美术馆藏汉代画像砖墓门上的铺首纹

图 2-18 许昌博物馆藏汉代画像空心砖

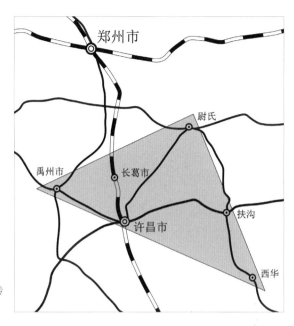

图 2-19 双龙衔尾菱形乳丁纹画像砖
地域分布示意图

沟两县和许昌长葛市。菱形乳丁纹画像砖的分布区域，北到开封尉氏县，南至许昌市，西达禹州市，东至扶沟、西华两县，形成三角形区域（图2-19）。从整体来看，大英博物馆人像柱的出土地点应该是在今河南郑州以南的周口、许昌一带，而非郑州。

2. 大英人像柱的年代判断

大英博物馆学者认为，这件人像柱的年代属于东汉时期。关于此柱断代研究的不利条件，是河南周口、许昌地区主动发掘的汉墓数量较少，缺乏公开发表的汉代空心画像砖墓考古发掘资料，缺少断代依据，只能根据数量相对较多的征集传世品材料，以至于影响到对大英人像柱年代更为准确的判断。通过将这件大英人像柱柱身三种纹饰与上述河南境内同类纹饰的比较，并综合考虑陕西西安汉长安城武库遗址出土西汉晚期十二字铭文瓦当、河南洛阳涧河西岸东汉早期墓 M14

兽形砖柱等间接材料（后详）[1]，可以大致判断该砖柱年代应在西汉晚期至东汉早期。

大英博物馆人像柱出土时间推测

大英人像柱入藏该馆时间为 1942 年，而发现、流传经过及出土时间语焉不详，缺少文字记载，无法细究。只能根据目前掌握的资料，略做推测。

大英人像柱出土及流失海外情况复杂，推测至少有两种可能性。一是外国工程师在修筑铁路的工程中，收集包括人像柱等挖出来的文物，分批寄回国内。许昌、长葛均在京汉铁路线上，周口扶沟、西华两县则位于铁路线东侧附近。京汉铁路的修筑时间大体如下：1897 年下半年，卢汉铁路开始分段修筑，北段由卢沟桥至郑州黄河北岸，南段从黄河南岸至汉口；1905 年 9 月，南北两段铁路相继完成；1906 年 4 月 1 日，这条铁路全线通车，同时改称"京汉铁路"[2]。根据京汉铁路的修筑进度来推测大英人像柱的出土时间，约在 1897 年到 1905 年之间。

在中国近代铁路线的修建过程中，偶遇古墓、挖出器物的情况时有发生，亦有墓中出土遗物被外国人收集、寄出国外的现象。1910 年到 1925 年，河南洛潼铁路修筑之际，英国工程师报告所得唐代明器，包括人物俑、动物俑及器物等共计 57 件，现藏大英博物馆[3]。1915 年 4 月，罗振玉赴河南洛阳考察，陇海铁路工

---

[1] 中国社会科学院考古研究所：《汉长安城武库》，文物出版社，2005 年，第 64—65 页，图版四〇：1、2；河南文物工作队第二队：《洛阳 30.14 号汉墓发掘简报》，《文物参考资料》1955 年第 10 期。

[2] 苏生文：《中国早期的交通近代化研究（1840—1927）》，学林出版社，2014 年，第 186—187 页。

[3] 转引自郑德坤、沈维钧：《中国明器》，上海文艺出版社影印本，1992 年，第 59—60 页；Hobson, R. L., *Chinese Pottery and Porcelain,* London, 1925, pp. 26-27。

程局局长徐世章告诉他，"铁道总医官欧洲某国人所得古物甚多，得即寄归，不能知所得为何物也"。[1] 柯昌泗亦云："陇海铁路兴筑时，于开封沙镇得汉画一石，题字十六榜，有减谷东门等字，减谷即函谷，同音之假借。其石即时为西洋人马龙携至法京，闻今在美国。"[2]

这些记载还得到了出土资料的印证。1989 年 1 月，在河南省郑州市陇海马路东段、郑州铁路管理局招待所，发现空心画像砖、北魏减地平雕画像石各一件。其中，空心砖画像为执戟门吏与铺首衔环图（图2-20）。这两件画像砖石是该所在院内挖排

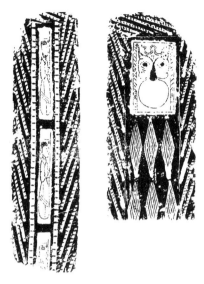

图 2-20　郑州铁路管理局招待所出土空心画像残砖拓本

水沟时发现的，没有其他遗物伴随出土。招待所分东、西两个院落，原为陇海和京汉两个铁路管理局所在地。清政府虽在 1909 年 1 月 1 日从外国人手中赎回两条铁路的所有权，但仍为外国人管理。所以，发现的两件画像砖石应是从别处运来，因故滞留埋入地下的。[3]

[1] 罗振玉：《五十日梦痕录》，《罗振玉学术论著集》第十一集，上海古籍出版社，2010 年，第 179 页。

[2] （清）叶昌炽撰，柯昌泗评，陈公柔、张明善点校：《语石·语石异同评》卷二，中华书局，2005 年，第 102 页。

[3] 陈立信：《郑州发现北魏石刻》，《华夏考古》1990 年第 4 期。后有学者认为，这件北魏石刻是近代伪作，参见张雪芬：《对郑州发现北魏石刻的再认识》，《南方民族考古》第十二辑，科学出版社，2016 年，第 89—93 页。

另外一种发现的可能性是，由于各种原因致使大量汉墓遭到破坏，发现了诸多作为建筑构件的画像砖。国内外的古董商人深入中原内地，收集这些画像砖，将其卖到海外。上文提及的美国芝加哥美术馆藏一对汉画像砖墓门即是如此。芝加哥美术馆文物库房里的其他一百余块墓砖，则是 1925 年购于日本山中商会。[1] 中国古代明器大量流失海外之始，罗振玉认为源于清末："光绪丁未冬，予在京师，始得古俑二于厂肆。……明年春，复挟诸明器来，则俑以外伎乐、田宅、车马、井灶、杵臼、鸡狗之物，悉备矣。亟予厚值酬之，此为古明器见于人间之始。是时，海内外好古之士尚无知之者。厂估既得厚赏，则大索之芒洛之间。于是，邱墓间物遂充斥都市。顾中朝士夫无留意者，海外人士乃争购之。"[2] "光绪丁未"，即 1907 年。1932 年，燕京大学教授郑德坤对于古明器的发现与流失情况亦有记述："近年来，中国内地铁道工程振兴，古坟的发掘处处遇到。一九〇五年以后几年，汴洛路开始建筑时，洛阳附近古迹被发掘者甚多，引起外人技师等的注意。西欧人士既多争搜集，中国市场上商估遂大事搜索以求售。其结果遂引起多方的注意，去专事发掘，而古明器之流出国外者日众。"[3] 故此推测，清末民国时期，中国古明器逐渐受到欧美收藏家的关注，因而大量流失海外，这件大英人像柱至迟在 20 世纪 40 年代初流入英国境内。

大英博物馆研究者之所以认为人像柱发现于河南郑州，可能是砖柱出土后被运到了郑州，在这里中转寄往海外，海外人士根据所寄地址来确定发现地点。

---

[1] 徐津博士提供资料。

[2] 罗振玉：《古明器图录·序》，氏著《古明器图录》，上虞罗氏景印，1916 年。

[3] 转引自郑德坤、沈维钧：《中国明器》，第 10 页。

大英博物馆人像柱的性质与功能

作为一件独立的砖柱，人像柱被陈列于大英博物馆中国馆汉代文物展柜中央，凸显出大英学者对其珍视的程度。令人遗憾的是，这件藏品已失去原始的出土环境信息，其所在墓葬中的位置及其性质、功能，均为值得探讨的问题。我欲通过对河南洛阳涧河西岸东汉早期墓 M14 兽形砖柱的剖析（以下简称"兽形柱"），来复原大英人像柱在汉墓中的位置，探究其作为墓室建筑一部分所具有的性质与功能[1]。

洛阳涧河西岸东汉墓 M14 兽形砖柱的性质与功能

1953 年 5 月，在洛阳修建金矿公路的过程中，于涧河西岸发掘一座东汉早期墓 M14（图 2-21）[2]。后将此墓搬迁、复原至洛阳古代艺术博物馆。在其前堂与后室之间，用空心砖砌筑了一道隔墙，上部是两块略呈三角形的空心砖，砖上镂空加阴线刻出龙虎形象，施以彩绘。因年久日深，彩绘未存。支撑两块空心砖的下部是一件立兽形浮雕砖柱（图 2-22）。此砖柱上塑造的立兽，左前肢上举，右前

---

[1] 2017 年 5 月 9 日，大英博物馆研究员辛文元致信洛阳古代艺术博物馆，希望馆方提供 M14 浮雕立柱与透雕门楣的正面图片，将作为改陈后大英博物馆中国馆人像柱的背景展板。这一陈列构思与我的研究思路不谋而合，后因图片未能反映该墓原貌而未采用。据洛阳古代艺术博物馆副馆长徐婵菲女士提供的信息。

[2] 河南文物工作队第二队：《洛阳 30.14 号汉墓发掘简报》，《文物参考资料》1955 年第 10 期。

平面图

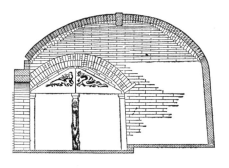

图 2-21 洛阳涧河西岸东汉 M14 平、立面图　　图 2-22　M14 墓室隔墙及兽形柱

肢放于胸前，按着一物。兽形柱通高 120 厘米（包括栌斗，斗高 10 厘米），宽 16.5 厘米 [1]。该砖柱是目前所见唯一一件考古发掘品。

这件兽形砖柱与上部空心砖阴刻镂空的龙虎图像组合在一起，想要表达什么寓意呢？洛阳地区出土汉墓壁画、空心砖及铜镜等也有相似的图像组合。如 1976 年洛阳面粉厂发掘清理西汉中期卜千秋壁画墓 [2]，墓室后壁山墙上部绘制方相氏、下部为龙虎相向对峙壁画（图 2-23）；1991 年，洛阳偃师新村新莽壁画墓 M1 发现龙虎纹画像空心砖（图 2-24）[3]；1993 年，洛阳市涧西区丽春西路 202 厂汉墓 M92 出土一面尚方四神博局镜，镜背外区装饰一周铭文带，其中有"左龙右虎辟不羊（祥），朱鸟玄武顺阴阳，子孙备具居中央，长保二亲乐富昌，寿敝金石如侯王"的铭文（图 2-25）[4]。结合其他图像可以看出，龙虎图像组合不仅为了辟邪除凶，还能福荫后代子孙，其保墓安宁的含义是明显的。从洛阳涧河西岸 M14 兽形柱所处墓室内的空间位置来看，它具有两种功能：一是实用功能，作为承托砖柱上部两块空心砖的重要支点；另一个是精神功能，砖柱上的立兽与其上部两块空心砖上镂刻的龙虎形象构成新的组合，共同发挥着镇墓辟邪的作用。

与其相互印证的例子见于 1973 年山东省苍山县（今兰陵县）城前村北发掘的东汉桓帝元嘉元年（151 年）画像石墓。其前堂与后室相接的北中立柱刻双结龙，画面高 86、宽 21 厘米。墓内题记云："中直柱，只（双）结龙，主守

[1] 2018 年 11 月 6 日，徐婵菲女士对位于洛阳古代艺术博物馆的 M14 前、后室之间隔墙下兽形柱进行了测量，并将尺寸告知于我。

[2] 洛阳博物馆：《洛阳西汉卜千秋壁画墓发掘简报》，《文物》1977 年第 6 期。

[3] 洛阳市第二文物工作队：《洛阳偃师县新莽壁画墓清理简报》，《文物》1992 年第 12 期；黄明兰、郭引强：《洛阳汉墓壁画》，文物出版社，1996 年，第 139 页，图二四。

[4] 褚卫红、朱郑慧：《洛阳发现的汉代博局镜》，《文物》2008 年第 9 期。

图 2-23　洛阳面粉厂西汉卜千秋墓方相氏与龙虎图壁画摹本

图 2-24　洛阳偃师新村新莽壁画墓 M1 中的龙虎纹画像空心砖

图 2-25　洛阳涧西 202 厂汉墓 M92 出土尚方四神博局镜

中霤辟邪央（殃）。"即指此双龙图[1]。前堂与后室相接处的中柱应是文献所记"中霤"，柱上刻以双龙具有辟邪除殃的作用。"中霤"之"霤"，意为屋檐水，引申为屋檐，借指屋宇、房屋。《说文·雨部》："霤，屋水流也，从雨，留声。"[2]"中霤"，亦写作"中廇""中溜"，指室中央，见于先秦文献及后代学者的注疏中。《公羊传·哀公六年》："于是使力士举巨囊，而至于中霤。"注云："中霤，室的中央。"[3]《楚辞·刘向〈九叹·愍命〉》："刜谗贼于中廇兮，选吕管于榛薄。"王逸注："中廇，室中央也。廇，一作霤。"[4]《礼记·月令》所载"其祀中霤，祭先心"，源于《吕氏春秋·季夏纪》。郑玄注："中霤，犹中室也。土主中央而神在室，古者复穴，是以名室为霤云。"孔颖达疏："古者复穴，皆开其上取明，故雨霤之，是以后因名室为中霤。愚谓季夏祀中霤者，以其居室之中而配乎土也。"[5]《释名·释宫室》："中央曰中霤，古者复穴后室之霤，当今之栋下直室之中，古者霤下之处也。"[6]

"中霤"一词不仅指室中央，而且还代指土神。《吕氏春秋·季夏纪》："其祀中霤。"高诱注："土王中央，故祀中霤。霤，室中之祭，祭后土也。"[7]《礼记·郊特牲》："家主中霤而国主社，示本也。"孔颖达云："中霤，谓土神。卿大夫之家，主祭土神于中霤；天子诸侯之国，主祭土神于社。……愚谓中霤者，宫内之土神

---

[1] 山东省博物馆、苍山县文化馆：《山东苍山元嘉元年画象石墓》，《考古》1975 年第 2 期；方鹏钧、张勋燎：《山东苍山元嘉元年画象石题记的时代和有关问题的讨论》，《考古》1980 年第 3 期。

[2]（汉）许慎撰：《说文解字》第十一下《雨部》，中华书局影印本，1985 年，第 241 页。

[3] 刘尚慈译注：《春秋公羊传译注·哀公六年》，中华书局，2010 年，第 635—636 页。

[4]（宋）洪兴祖撰，白化文等点校：《楚辞补注·刘向〈九叹·愍命〉》，中华书局，1983 年，第 302—303 页。

[5]（清）孙希旦撰，沈啸寰、王星贤点校：《礼记集解》卷一六《月令第六之二》，中华书局，2007 年，第 463 页。

[6]（汉）刘熙撰，（清）毕沅疏证，王先谦补，祝敏彻、孙玉文点校：《释名疏证补·释宫室》，中华书局，2008 年，第 181 页。

[7] 许维遹撰，梁运华整理：《吕氏春秋集释》卷六《季夏纪》，中华书局，2009 年，第 134 页。

也，一家之中以为主；社者，境内之土神也，一国之中以为主。主，谓家、国之所依以为主也。"[1]《白虎通义·五祀》："六月祭中霤。中霤者，象土，在中央也。"[2]蔡邕《独断》卷上："中霤，季夏之月，土气始盛，其祀中霤。霤神在室，祀中霤，设主于牖下也。"[3]

从上述文献来看，"中霤"在古代地面居室建筑内部空间中具有重要地位，不仅表示室内的中央位置，而且还代指土神。"中霤"这一空间概念，与刘庆柱先生提出的我国古代都城遗址的"中和"理念有异曲同工之妙[4]。两者分别从微观、宏观的角度，反映了古代先民对"中"的重视程度。深藏幽冥的地下墓葬建筑模仿阳间的建筑布局，阴宅仿阳宅，陵墓若都邑，这是探寻墓葬建筑特点的一条有效途径，亦即《吕氏春秋·孟冬纪·安死》所载："世之为丘垄也，其高大若山，其树之若林，其设阙庭、为宫室、造宾阼也若都邑。"[5]

洛阳涧河西岸东汉墓M14的兽形柱之所以重要，就是因为它所处的位置特殊，既位于整个墓室的中轴线上，又处于前堂、后室之间的中心，亦即文献提及的"中霤"。独特的"居中"位置，决定了其在墓室内扮演着最为重要的角色。有学者认为，柱上塑造的怪兽性质应是"镇墓兽"[6]。兽形柱的功能恰如山东苍山画像石墓题记所云"主守中霤辟邪央（殃）"，起着镇墓辟邪的作用。

[1]（清）孙希旦撰，沈啸寰、王星贤点校：《礼记集解》卷二五《郊特牲第十一之一》，第 686 页。

[2]（汉）班固撰：《白虎通义》（外十三种）卷上《五祀》，上海古籍出版社，1992 年，第 11 页。

[3]（汉）蔡邕撰：《独断》卷上，收入《白虎通义》（外十三种），第 82 页。

[4] 刘庆柱：《我国古代都城遗址的"中和"理念》，《光明日报》2019 年 8 月 17 日第 10 版。

[5] 许维遹撰，梁运华整理：《吕氏春秋集释》卷十《孟冬纪·安死》，第 224 页。

[6] 洛阳古墓博物馆编：《洛阳古墓博物馆》，朝华出版社，1987 年，第 27 页。

大英人像柱的性质与功能解析

通过以上对洛阳涧河西岸东汉墓 M14 兽形柱的分析，可以大致了解此类砖柱所在的原始出土环境及其性质、功能，再来探讨大英人像柱的同类问题。两者高度近似，前者高 120 厘米，后者高 114 厘米。若将大英人像柱还原至墓室空间内的话，其位置也应该处于墓室的中心，即文献所云"中霤"。

1. 大英人像柱的性质

结合大英人像柱的形制特征及历史文献记载分析，初步推断该砖柱上的人像性质应是"颡头"，亦称"魌头""俱头""旗头"。今见最早记述"颡头"的文献为东汉《说文解字》。《说文·页部》："颡，丑也。从页，其声。今逐疫有颡头。"[1]段玉裁注："此举汉事以为证也。……按魌、颡字同，头大，故从页也，亦作傸。《灵光殿赋》'仡颡猲以雕眅'李注：颡猲，大首也。今本作欺猲，盖误。"[2]《广雅·释诂》："颡，丑也。"王念孙疏证："娸、欺、颡、俱、魌，五字并同义。"[3] 正字当作颡。

《说文》所说的"颡"与"丑"意同，即凶恶、邪恶之意。《说文》云"逐疫"，是指古人在腊月禳祭、驱逐疫鬼的活动。《后汉书·礼仪志中》："先腊一日，大傩，谓之逐疫。"刘昭注引《汉旧仪》："颛顼氏有三子，生而亡去为疫鬼。一居江水，是为虎（虐鬼）；一居若水，是为罔两蜮鬼；一居人宫室区隅（沤庾），善惊人小儿。"[4]

---

[1]（汉）许慎撰：《说文解字》九上，第 184 页。

[2]（汉）许慎撰，（清）段玉裁注：《说文解字注》九篇上《页部》，上海古籍出版社影印本，1984 年，第 422 页。

[3]（清）王念孙撰：《广雅疏证》卷二下《释诂》，上海古籍出版社影印本，1983 年，第 248 页。

[4]《后汉书》志五《礼仪志中》，中华书局，1965 年，第 3127—3128 页。

根据上述文献记载，归纳颠头特点，一是头大，二是丑恶，三是指古时打鬼驱疫时扮神者所戴一种相貌丑恶的面具，可以存亡人魂气。《北堂书钞》引汉应劭《风俗通》："俗说人死魂气飞扬，故作旗头以存之，言头体魌盛大也。"[1]《太平御览》所引《风俗通》与其略有不同："俗说亡人魂气浮扬，故作魌头以存之，言头体魌魌然盛大也。或谓魌头为触圹，殊方语也。"[2]《周礼·夏官·方相氏》中"方相氏掌蒙熊皮"，郑玄注："冒熊皮者，以惊驱疫疠之鬼，如今魌头也。"[3]《荀子·非相篇》："仲尼之状，面如蒙倛。"杨倞注："倛，方相也。……韩侍郎（愈）云：'四目为方相，两目为倛。'"[4]《淮南鸿烈·精神训》"视毛嫱、西施犹颠丑也"注云："颠，颠头也。方相氏黄金四目，衣褚，稀世之颠貌，非生人也。但其像耳目颠丑，言极丑也。"[5]大英人像柱上的人像特点，与这些文献所载基本吻合。一是头部硕大，身形矮小；二是面部丑恶，狰狞可憎；三是脸庞方正，头戴面具，所以将其性质定为具有驱逐疫鬼、存亡人魂气功能的颠头。

人像柱在墓室中所处位置，有可能位于前、后室之间的隔墙下，即山东苍山东汉画像石墓题记所云"主守中雷辟邪央（殃）"。后室为逝者躯体与灵魂的寄居之所，隔墙下砖柱与后室相邻，柱上人像所处位置便于存亡人魂气。美国夏威夷火奴鲁鲁艺术博物馆（亦称"檀香山艺术博物馆"）收藏两件人像柱，其中一件人像柱上有四字阴刻篆书铭文"天下康宁"（图2-26）。"康宁"一词出自《尚书·洪范》，为中国传统习俗中的"五福"之一，在一定程度上客观反映了汉代人在墓室

[1]（唐）虞世南编撰：《北堂书钞》卷九二《礼仪部一三·葬三二》，中国书店影印本，1989年，第348页。

[2]（宋）李昉等撰：《太平御览》卷五五二《礼仪部三一·方相》，中华书局影印本，1963年，第2501页。

[3]《十三经注疏》整理委员会：《周礼注疏》卷三一《夏官司马下》，北京大学出版社，1999年，第826页。

[4]（清）王先谦撰，沈啸寰、王星贤点校：《荀子集解》卷三《非相篇》，中华书局，2007年，第74页。

[5]刘文典撰，冯逸、乔华点校：《淮南鸿烈集解》卷七《精神训》，中华书局，1997年，第228页。

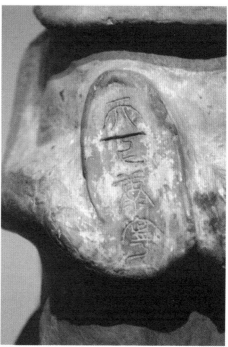

图 2-26 火奴鲁鲁艺术博物馆藏人像柱上部及铭文特写

图 2-27　陕西西安汉长安武库遗址出土十二字铭文瓦当拓本

内树立人像砖柱的真实意图，是希望普天下民众甚至包括亡人魂魄，皆能够康乐、安宁。与其铭文部分相同的瓦当，有陕西西安汉长安城武库遗址出土的 8 件西汉晚期十二字铭文瓦当（图2-27）[1]。这些考古发掘品亦为传世人像柱的年代上限判断提供了旁证材料。

2. 大英人像柱的双重功能

从物质层面来说，作为墓室内的建筑构件，大英人像柱具有一定的实用功能，它可以承托位于其上部的墙砖，如同洛阳涧河西岸东汉墓 M14 隔墙下部兽形柱所起的作用。从今天河南地区出土的汉代建筑模型明器资料来看，在当时的一些建筑上亦有采用人像柱的做法。1954 年，淮阳县九女冢村采集到一座人形柱三层绿

---

[1] 中国社会科学院考古研究所：《汉长安城武库》，第 64—65 页，图版四〇：1、2。"维天降灵"十二字瓦当，边轮内饰凸弦纹一周，当面纵向排列三行阳文篆书，合读为："维天降灵，延元万年，天下康宁。"

图 2-28　河南西平县寺后张东南出土陶楼

釉陶榭，上面两层四角立有两两并立的裸体人形柱[1]。1968 年，淅川县李官桥东堂村出土一座东汉中晚期四层绿釉陶百戏楼，在第二层楼体正面台口两侧各有一扁柱，柱子下部塑出五官夸张、清晰的兽面纹，其上部塑出男童形象，半蹲半跪，双手上托斗拱承四阿顶[2]。1977 年，项城县（今项城市）老城邮电所院清理一座东汉中晚期砖室墓，出土三座三层绿釉陶楼，其中两座陶楼以装饰有兽面的扁柱承托斗拱、抬梁，另有一座百戏楼底层镂窗上部饰有两个凸鼻大眼的兽面纹，下部塑出一个同样面目奇特的兽面纹[3]。西平县寺后张村东南出土一座与淅川陶楼形制、结构类似的百戏楼，也有两根上为男童、下为兽面纹的扁柱（图 2-28）[4]。西平

[1] 河南博物院：《河南出土汉代建筑明器》，第 63 页，图版四二；张勇：《人形柱陶楼定名与年代问题讨论》，《中原文物》2001 年第 5 期。

[2] 河南博物院：《河南出土汉代建筑明器》，第 69 页，图版四六；张西焕、王玉娥：《淅川县博物馆收藏的汉代陶戏楼》，《中原文物》1987 年第 1 期。

[3] 河南博物院：《河南出土汉代建筑明器》，第 60—61、72—75 页，图版四〇、四八、四九；周口地区文化局文物科：《项城县老城汉墓出土陶楼》，《中原文物》1984 年第 3 期。

[4] 河南博物院：《河南出土汉代建筑明器》，第 70—71 页，图版四七。

县属于漯河地区，距离周口地区的西华、项城较近，两汉时期应该有着相同的文化传统，由此推测无论地面建筑，还是地下墓室，皆有使用人像柱的做法。

就精神层面而言，人像柱具有镇墓降鬼、趋吉辟邪的功能。值得注意的是，大英人像柱上模印的双龙衔尾纹、飞鸟纹可能蕴含着特殊含义。该柱下部画像砖上的双龙衔尾纹，或许有希冀子嗣繁衍不断、绵延不息之意。龙尾不仅指龙的尾巴，而且也是星宿名，即作为二十八宿之一的箕宿，因位于东方苍龙七宿之末，故称"龙尾"。《史记·天官书》云"尾为九子"，司马贞索隐引宋均云："属后宫场，故得兼子。子必九者，取尾有九星也。"《元命包》云："尾九星，箕四星，为后宫之场也。"张守节正义："尾，箕。……尾九星为后宫，亦为九子。星近心第一星为后，次三星妃，次三星嫔，末二星妾。占：均明，大小相承，则后宫叙而多子。"[1] 东汉班固《白虎通义·封禅》："狐九尾何？狐死首丘，不忘本也，明安不忘危也。必九尾者何？九妃得其所，子孙繁息也。于尾者何？明后当盛也。"[2] 由此可知，不论是龙尾，还是狐尾，均有后宫繁衍子嗣、后代昌盛的象征意义。

与上述记载相反的一个例证，是东汉永和六年（141 年）日蚀于龙尾，被认为是子嗣不兴盛的征兆。《后汉书·五行志六》：永和"六年九月辛亥晦，日有蚀之，在尾十一度。尾主后宫，继嗣之宫也。以为继嗣不兴之象"[3] 结合以上两汉历史文献，推测大英人像柱下部的双龙衔尾纹可能具有希望子孙后代繁衍昌盛、生生不息的寓意[4]。

---

[1]《史记》卷二七《天官书》，中华书局，1975 年，第 1298 页。

[2]（汉）班固撰：《白虎通义》卷下《德论下·封禅》，第 37 页。

[3]《后汉书》志一八《五行志六》，第 3367 页。

[4] 从目前了解的材料来看，在山东沂南、江苏睢宁、安徽淮北等地出土汉代画像石上也有一些双龙衔尾的图像资料，可与画像砖资料互为参照。

与双龙衔尾纹含义类似的，有汉代"垂苇茭"的风俗。苇茭，即苇索，是用苇草编成的绳索，过年时悬挂门旁。《风俗通义·祀典》："《黄帝书》：'上古之时，有荼与郁垒昆弟二人，性能执鬼，度朔山上立桃树下，简阅百鬼，无道理，妄为人祸害，荼与郁垒缚以苇索，执以食虎。'于是县官常以腊除夕，饰桃人，垂苇茭，画虎于门，皆追效于前事，冀以卫凶也。……故用苇者，欲人子孙蕃殖，不失其类，有如萑苇。茭者，交易，阴阳代兴也。"[1] 用苇有子孙繁殖之意，茭者寓示着阴阳代兴，与双龙衔尾纹繁衍子嗣的含义相似。

在大英人像柱人像肚脐眼处，大致位于整个人像柱的中心位置上，模印一枚圆形飞鸟纹，在人像柱两侧印有两列飞鸟纹。与其相似的纹饰，见于美国芝加哥美术馆藏河南出土的汉代画像砖墓门上[2]。河南新郑出土汉代画像砖方形外框内，饰以飞鸟纹(图2-29)[3]。此类飞鸟纹应是传说中具有降妖伏魅功能的重明鸟，见于《拾遗记·唐尧》：

> 尧在位七十年。……有祇支之国献重明之鸟，一名双睛，言双睛在目。状如鸡，鸣似凤。时解落毛羽，肉翮而飞。能搏逐猛兽虎狼，使妖灾群恶不能为害。贻以琼膏。或一岁数来，或数岁不至。国人莫不洒扫门户，以望重明之集。其未至之时，国人或刻木，或铸金，为此鸟之状，置于门户之间，则魑魅丑类自然退伏。今人每岁元日，或刻木铸金，或图画为鸡于牖上，此之遗像也。[4]

[1]（汉）应劭撰，王利器校注：《风俗通义校注》卷八《祀典》，中华书局，1981年，第367—368页。

[2] 据徐津博士提供的图片资料。

[3] 薛文灿、刘松根编：《河南新郑汉代画像砖》，上海书画出版社，1993年，第119页。

[4]（晋）王嘉撰，（梁）萧绮录，齐治平校注：《拾遗记》卷一"唐尧"条，中华书局，1981年，第24页。

图 2-29　河南新郑出土汉代画像砖上的飞鸟纹拓本

这种神鸟形状如鸡，双睛凸出于外。虽然羽毛脱落，但仍能以肉翼飞翔。其神异之处在于"能搏逐猛兽虎狼，使妖灾群恶不能为害"，所以，人们用不同材质"为此鸟之状"，以退却魑魅丑类，驱魔降妖的功能由此可见。大英人像柱上模印的阳纹飞鸟，呈现出的就是一只鸟展翅飞翔的形象。鸟首略呈桃形，头部两侧各饰以两条十字交叉的短直线。身体两侧各用三根直线或弧线代表羽翼，它所刻画的正是文献中"肉翮而飞"的状态。

结语

通过对比相关资料，我们现在可以得到清楚的结论：大英人像柱可能出土于1897 年至 1905 年修筑京汉铁路时期，至迟于 20 世纪 40 年代初流失英国；出土于河南中部的周口、许昌一带，年代为西汉晚期至东汉早期；应该是文献记述中的"顓头"，砖柱具有物质与精神方面的双重功能。

中华人民共和国成立以来，在山东、江苏等地发掘的汉画像石墓中，发现一些仿木石柱 [1]，比如山东安丘董家庄画像石墓中轴线上的三件石质人像瑞兽柱雕刻精美，人物、瑞兽形象众多 [2]，颇具代表性。曾有建筑史学者提出："目前已见较完整的汉代楹柱都是石质的，此类仿木构件，大多见于石墓或崖墓。" [3] 通过对大英人像柱及其他汉代画像砖柱资料的梳理，弥补了前人认识的不足，即汉墓中除了石柱之外，还有一些空心砖柱，它们在画像砖墓室中承担着重要角色，为中国古代建筑史研究增添了新的实物资料。

大英博物馆中国馆内陈列的汉代文物，是向全世界宣传我国汉代物质文化的一个窗口。作为"明星"展品，这件人像柱在该馆展出的汉代文物中处于极其醒目的位置，它不仅是馆内展出汉代文物中体量最大的一件，而且也是大英博物馆研究人员认为重要的汉代展品之一。对于大英人像柱出土时地、性质及功能等基本问题的探讨，深入发掘人像柱的历史价值，将为大英博物馆展览提供必要的学术支撑。

---

[1] 曾昭燏等：《沂南古画像石墓发掘报告》，文化部文物管理局，1956 年；泰安地区文物局：《泰安县大汶口发现一座汉画像石墓》，《文物》1982 年第 6 期；南京博物院：《徐州青山泉白集东汉画象石墓》，《考古》1981 年第 2 期。

[2] 殷汝章：《山东安邱牟山水库发现大型石刻汉墓》，《文物》1960 年第 5 期；山东省博物馆：《山东安丘汉画象石墓发掘简报》，《文物》1964 年第 4 期；安丘县文化局、安丘县博物馆：《安丘董家庄汉画像石墓》，济南出版社，1992 年。

[3] 刘叙杰主编：《中国古代建筑史》第一卷，中国建筑工业出版社，2003 年，第 533 页。

佛国庄严

美国宾夕法尼亚大学博物馆藏

北魏至辽金佛教造像

2012 年 1—6 月，我赴美国宾夕法尼亚大学访学，对该校考古学与人类学博物馆藏中国文物进行调查。宾夕法尼亚大学位于美国东部宾夕法尼亚州费城市，宾博坐落于校区东南隅，大门朝向东北（图 3-1），临南方大街。该馆创建于 1887 年，馆内学者主持过 400 余次考古学与人类学考察。三层展厅主要展出了希腊、罗马以及亚洲、非洲等来自全球各地的文物，馆藏文物约 100 万件。宾博不仅是世界上大型考古学与人类学博物馆之一，且跻身美国七大收藏中国文物中心之列。中国厅位于该馆西南角第 3 层，是一座砖石砌筑的穹隆顶大厅，也是宾博建筑面积最大的展厅（图 3-2）。我时常漫步其间，石刻、木雕、绘画、釉陶器、玉器、骨器、铜器、银器等各类文物让人目不暇接，流连忘返（图 3-3）。佛教造像是该馆藏中国文物的精华所在，分别陈列于中国厅以及与之相邻的佛教厅，共数十尊。来自世界各地的游客徜徉于展厅内，仔细端详着一尊尊精妙绝伦的雕像，倾听它们诉说着曾经的辉煌与平淡，感受不同历史时期中国大地上较为浓厚的宗教和艺术气息[1]。

宾博馆藏中国佛教造像，从质地上分，有石、陶、木、铜等；由雕刻技法来看，有圆雕、浮雕、透雕；依造像形态区分，有单体圆雕像、背屏式造像、造像碑等；据其来源划分，有石窟造像、单体造像；由时代来分，有北魏、北齐、隋、唐、宋、辽、金、元、明、清；据不同等级划分，有佛、菩萨、罗汉、天王、力士等造像。我采用最后一种分类方法，来讲述佛国雕像的庄严与法度，造像背后的传奇与坎坷。这些中国佛教造像，由数尊雕像构成一组的较少，在佛教厅内仅见两例，其组合分为两种类型，即北齐的一佛、二菩萨、二弟子石雕像，隋代的一佛、二菩萨铜雕像；更多的是单体造像。

---

[1] 本文首发于《文史知识》2012 年第 6 期，收入本书时作了修改、补充。

3-1

| 3-2 | 3-3 |

图 3-1 早期的宾大博物馆建筑外景

图 3-2 1941 年宾大博物馆中国厅文物陈列

图 3-3 2012 年宾大博物馆中国厅文物陈列

佛像

"佛"为梵语的译音，指最有觉悟的人，是佛教中最高的尊神。佛不是一个具体的人或神，而是指诸佛，如释迦牟尼、阿弥陀佛、弥勒等。在宾博中国厅西侧中央，面对着入口处，有一尊北魏熙平元年（516年）彩绘弥勒石像（图3-4）；佛教厅内有一尊形制较小的东魏天平三年（536年）鎏金铜质弥勒雕像（图3-5）。这两尊造像均为清末收藏家端方旧藏，刻有发愿文，反映出北魏时期弥勒信仰的浓厚氛围。后者是1917年第二季度，由福特（James B. Ford）捐赠给宾博的[1]。（图3-6）

在中国厅南壁正中，高高地供奉着一尊北齐释迦牟尼佛首石像。高50.8厘米、宽约35厘米，双眉之间有白毫相，面容慈祥，俯瞰众生（图3-7、3-8）。说明牌上注明，它来自中国河北省，可能为响堂山石窟。1914年第二季度，购买此像入馆。同时买入的还有一尊高40.6厘米的菩萨头像（图3-9）[2]。我国学者将其与历史照片和南响堂山石窟现藏第2窟佛首后脑残件实物相互比对，认定该佛首就是南响堂般若洞中心柱正壁龛主尊坐佛头像[3]。此外，宾博藏有一些出自响堂山石窟的雕像，包括两尊菩萨头像（图3-10），分别高78.7、83.8厘米，未展出，另有一件摩尼宝珠加双狮高浮雕石座（图3-11），为1929年第一季度卢芹斋赠送给宾博的[4]。

---

[1] "Review", *The Museum Journal*, vol. VIII, no.2 (June 1917).

[2] "Notes", *The Museum Journal*, vol. V, no. 2(June 1914).

[3] 张林堂、孙迪：《响堂山石窟：流失海外石刻造像研究》，外文出版社，2004年，第9页。

[4] "Museum Notes", *The Museum Journal*, vol. XX, no. 1 (March 1929).

图 3-4　宾博中国厅展出的北魏彩绘弥勒石像

图 3-5　宾博佛教厅展出的东魏鎏金铜质弥勒像

图 3-6　1918 年发表的北魏彩绘弥勒石像图片
（左）与东魏鎏金铜质弥勒像图片（右）

3-4
3-6

3-5

图 3-7　宾博藏响堂山石窟佛首

图 3-8　1914 年入藏宾大博物馆的石佛首

图 3-9　1914 年入藏宾大博物馆的石雕菩萨头像

图 3-10　宾博藏响堂山石雕菩萨头像

图 3-11　宾博藏响堂山双狮石座

3-7	3-8	3-9
3-10		3-11

图 3-12 北响堂、南响堂石窟全景

　　响堂山石窟，它的名气正如它那响当当的名字一样。由于名气太大，石窟在民国初期遭到了毁灭性的盗凿。该石窟位于河北省邯郸市峰峰矿区境内，由北响堂、南响堂及小响堂等组成（图3-12）。北齐王室开凿的南、北响堂，有17座洞窟，共4000余尊佛像，展示了这一时期佛教石窟艺术的最高水平。令人扼腕长叹的是，20世纪初，这一伟大的佛教杰作遭到了前所未有的盗凿，大多洞窟已是空余石壁，数以百计精美绝伦的佛像则散落海外。其中大部分造像精品由中国古董商人卢芹斋经手流散出境。中华人民共和国成立前后，南、北响堂山石窟曾经处于无人管理状态，南响堂寺先后被用作军工炼油厂、峰峰师范学校、峰峰报社、工人宿舍及西纸坊小学校址等。后来经过整修，窟区周边环境得到了治理，现已对公众开放，成为知名景点。

菩萨像

菩萨的地位是仅次于佛的第二等级，梵语为"菩提萨埵"，简称菩萨。在宾博馆藏菩萨像中，以观世音像最具代表性。观世音是西方阿弥陀佛的上首菩萨。在普通老百姓心中，大慈大悲的观音菩萨总是能够救黎民于水火。传说观世音有33种化身，以下看到的白衣观音像与水月观音像是其中的两种。

在宾博佛教厅中央，站立着一尊辽代白衣观音鎏金铜像。头戴华冠，身着长袍，左手捧一莲蕾于胸前，右手竖起，有两指略弯。胸部以上部分鎏金保存完好，色泽金黄如新。胸部以下部分鎏金大多脱落，颜色暗淡。像高70厘米，如此体量的辽代鎏金白衣观音像是较为少见的（图3-13）。据古董商卢芹斋在1921年11月的信中说，这尊青铜鎏金像是1918年由车先生在爱跑（音译）村附近的一条河里发现的，该村位于"满洲辽阳南部的木克墩"（音译）郊外[1]。此像是1922年5月购买入藏该馆的，当时误定为六朝时期[2]。

位于中国厅北壁的一尊金代水月观音木雕坐像，敷以石膏，彩绘，涂金。该像表面有数层石膏，说明木雕在相当长的一段时间内曾多次修补，然后彩绘、涂金。观音像面容安详，仪态万方，这种观音坐姿被西方人称为"高贵的悠闲"。像高214厘米（图3-14）。1924年第一季度由宾博购买入藏[3]。

---

[1] Marilyn Gridley, "A White-robed Guanyin as the Embodiment of a Liao Ideal", *Orientations,* vol.32, no.2 (February 2001).

[2] "Museum Notes", *The Museum Journal,* vol. XIII, no. 3 (September 1922).

[3] "Museum Notes", *The Museum Journal,* vol. XV, no. 1 (March 1924).

图 3-13　宾博佛教厅展出辽代鎏金白衣观音菩萨铜像正面（左）

图 3-14　宾博中国厅展出金代水月观音木雕坐像（右）

1924 年到 1927 年期间，梁思成在宾大建筑系学习，对其馆藏中国文物如数家珍，在《中国雕塑史》中多次谈到宾博的中国雕塑。书中所说"彭省大学美术馆"，即宾大博物馆。论及这尊观音雕像时，他这样说：

> 近来木像之运于欧美者甚多，然在美术上殆不得称品。其中有特殊一种，最堪注意。此种为数甚多，皆观音像，一足下垂，一足上踞，一臂下垂，一臂倚踞足膝上，称 Maharajalina 姿势。其中最大者在费城彭省大学美术馆，其形态最庄严。波士顿美术馆所藏者则较迟。……与费城像比较，则可见其区别矣。[1]

[1] 梁思成：《中国雕塑史》，三联书店（香港）有限公司，2000 年，第 179—180 页。

罗汉像

　　罗汉是指能够解脱烦恼的佛弟子，为梵语"阿罗汉果"的简称，属于第三等级。在中国厅东壁的唐代昭陵两骏石刻之间，端坐一尊辽代三彩罗汉像，这就是著名的河北易县八佛洼罗汉造像之一，高 121 厘米（图 3-15）。该像是宾博于 1914 年 6 月在法国巴黎从德国商人埃德加·沃彻手中购买的。1916 年第四季度，卢芹斋赠送给宾博一件三彩镂空底座[1]。罗汉像为中国厅的上乘佳作，与唐代昭陵两骏石刻同列东壁。

　　易县罗汉像约有 16 尊，它们命运多舛，闻名海内外。1912 年，德国汉学家福雷德瑞彻·帕兹尼斯基在北京遇到了两名中国的古董商人，见到一尊出自易县的三彩罗汉坐像。后来，他从日本人那里打听到其出土地点在河北易县八佛洼，就两次前往进行实地考察。在第二次考察时，帕兹尼斯基见到或确知下落的罗汉像有 6 尊，当地村民谈到的造像数量达到 9—10 尊。曾有村民在晚上将罗汉像盗运下山，因夜黑路陡，山路崎岖难行，至少有 3 尊像被村民损毁。

　　由于地方官员与村民的疯狂盗卖，珍贵的八佛洼罗汉像流失海外，欧美各大博物馆竞相购买，奉为上品，见于美国大都会艺术博物馆、加拿大皇家安大略博物馆、英国大英博物馆等（图 3-16）[2]。值得一提的是，1996 年，在河北易县天朋

[1] "Notes", *The Museum Journal*, vol. V, no. 2(June 1914). "Notes", *The Museum Journal*, vol. VII, no. 4 (December 1916).

[2] Richard Smithies, "A Luohan from Yizhou in the University of Pennsylvania Museum", *Orientations,* vol.32, no.2 (February 2001).

图 3-15　宾博中国厅展出辽代三彩罗汉像（左上）

图 3-16　皇家安大略博物馆（右上）、大英博物馆中国馆（左下）、
大都会艺术博物馆（右下）藏辽代三彩罗汉像

河北省易县八佛洼辽代三彩罗汉像一览表

国家	收藏地点	购买时间	件数	备注
美 国	宾大博物馆	1914	1	完整
	大都会艺术博物馆	—	1	年轻罗汉像，完整
		1921	1	老年罗汉像，完整
	波士顿美术馆	1915	1	完整
	纳尔逊－阿金斯艺术博物馆	1933	1	完整
	克利夫兰艺术博物馆	—	1	残
加拿大	皇家安大略博物馆	1914	1	明代补头
英国	大英博物馆	1913	1	完整
德国	柏林东亚艺术博物馆	—	1	1945 年毁于二战
法国	吉美博物馆	—	1	1998 年捐赠
中国		—	3	民国时期，村民损毁
	河北易县文物管理所	—	1	1996 年，易县天朋仙人洞出土残像

仙人洞发现一尊三彩罗汉残像，现藏易县文物管理所；1998 年，在美国举行的亚洲年会上，第 23 场会议是关于"易州罗汉造像"的专场讨论会，可见易县辽代三彩罗汉像在海外的影响力。

流落宾博及欧美部分博物馆的八佛洼罗汉像，给梁思成留下了深刻印象，他不惜笔墨，对这些造像大加赞赏："美国彭省大学美术馆（Pennsylvania）藏罗汉为琉璃瓦塑。大如生人。神容毕真，唐代真容，于此像可见之。像共四尊，一在纽约市州立博物馆，其二在伦敦大英博物馆。四尊之中，以彭省者为最精。实唐代作品之最上乘也。"[1]

[1] 梁思成：《中国雕塑史》，第 166、139 页。

梁氏将这些三彩塑像定为"唐代作品",是因为当时学者们普遍认为八佛洼罗汉像属于唐代造像。1989 年冬季,作为洛阳市文物工作队的一名考古队员,我参加了对洛阳北窑西周铸铜遗址的发掘。在揭露西周文化层之上的唐代层时,出人意料地清理出两件残断的唐代三彩佛教造像,分别为坐佛和力士像,体形较小,高 10 厘米左右,面部为素胎,未施釉,与易县八佛洼辽代罗汉像有较大区别。

天王像

"天龙八部"是佛教中护持佛法的八类天神,天部居其首,四大天王位列其中。在中国厅的入口处,有一对唐代天王像分立左右。它们于 1934 年由宾博从日本商人手中购买,据说来自山西天龙山石窟。两尊天王像均为石灰岩材质,残留彩绘和贴金。雕像顶盔掼甲,脚蹬战靴,一副武将打扮。面目威严,神情凝重。北侧双手叠加挂鞭的天王,说明牌上称"南方天王",高 142.24 厘米;南侧左手握拳、右手叉腰者,瞪着眼,张着嘴,下巴上长着一圈络腮胡子,被认为北方天王,高 152.4 厘米。需要指出的是,这对天王像的鼻子均已残断,后被修复。

有学者提出,"仔细阅读考古报告并结合实地勘察,天龙山唐代的 15 座洞窟中,护法造像被盗且下落不明者,仅有第 6 窟窟门外的两身力士造像(整体被盗)以及第 15 窟窟门东侧的一身力士造像(头部被盗),天龙山石窟中未见此式唐代天王造像,宾大博物馆的这两尊藏品想必另有渊源"[1]。看来这一对天王像的来源有待于做

[1] 孙迪、杨明权:《巩县石窟:流失海外石刻造像研究》,外文出版社,2005 年,第 110 页。

进一步探讨。此外，在中国厅北壁陈列一尊唐代文殊菩萨骑狮石雕像，据传来自天龙山石窟或者附近的遗址，是 1914 年第三季度从英国伦敦商人手中购买的 [1]。

　　说到天龙山，有必要谈一下关于该石窟的悲惨遭遇，它是国内石窟中破坏最为严重的一处。石窟位于山西省太原市西南约 40 公里的天龙山东、西两峰半腰，共 21 座洞窟，现存造像 1500 余尊（图 3-17）。石窟始凿于东魏，历经北齐、唐代。20 世纪 20—30 年代，洞窟造像遭受灭顶之灾。1931 年，中央古物保管委员会听说天龙山石窟造像惨遭盗凿，马上采取相应措施。一方面，给山西省政府发送公函，令太原县加强保护；另一方面，加紧调查，追究奸人盗卖行为。1933 年冬天，古物保管委员会了解到北平打磨厂街长巷头一条谦义馨客栈主人张兰亭，勾结不法分子将两件天龙山石像盗运至北平。古物保管委员会赶紧让北平公安局协同北平分会干事王作宾，将张兰亭等人依法逮捕。同时，为了进一步掌握天龙山石刻被盗详情，又派王作宾赶赴山西太原进行实地调查 [2]。1933 年 11 月 22—30 日，王作宾与北平分会委员罗庸赴山西天龙山石窟调查。各洞佛像多寡不一，间有壁画。逐洞观察，则佛像壁画被凿毁坏严重，无一处完整。综观调查所得结果，天龙山石窟佛像被肆意盗凿的现象由来已久，东区各洞窟造像被毁，则确系近期所为。令人匪夷所思的是，太原县政府设立有保存古物会，在天龙寺内还驻扎有两名警察，却竟然熟视无睹，任其盗凿一空。北平查获盗运天龙山石刻案与近期石窟内的盗凿活动有着密切关系 [3]。

[1] "Notes", *The Museum Journal*, vol. V, no. 3(September 1914).

[2] 《追究盗卖山西天龙山北齐石刻之始末》，中央古物保管委员会编：《古物保管委员会工作汇报》，1935 年；《中国早期考古调查报告》一，线装书局影印本，2007 年，第 55 页。

[3] 王作宾：《天龙山石窟佛像调查报告》，中央古物保管委员会编：《古物保管委员会工作汇报》，1935 年；《中国早期考古调查报告》一，第 146—151 页。

图 3-17　天龙山石窟全景

　　天龙山几乎所有窟龛造像头部被盗，雕刻精致者则整体凿下运走，这一令人心痛的结果与日本古董商人中定次郎及其经营的山中商会有着千丝万缕的联系。据不完全统计，流失海外的天龙山石窟造像共有 150 余尊 [1]。近些年来，美国芝加哥大学利用 3D 技术，对天龙山石窟部分被盗佛像做复原性研究与展示，已初见成效。

[1] 中国大百科全书总编辑委员会《考古学》编辑委员会等编：《中国大百科全书·考古学》，"天龙山石窟"条，中国大百科全书出版社，1992 年，第 526 页。

力士像

力士的汉译名为执金刚力士、执金刚、金刚手、密迹金刚力士等，也是佛的护法神，其地位比天王低。1917 年左右，卢芹斋赠送给宾博一对唐代力士像，今未展出。造像质地为石灰岩，略带灰锈。均为立姿，头部及身体重心向左微偏。面目狰狞，上身赤裸，显现出发达的肌肉。腰间系带，下身着短装，膝盖以下裸露，赤脚立于石板之上。其中，一尊完整的力士像高 52.07 厘米，左手下垂，持一圆状物，双肩各有一条长带，右手握紧拳头，上举过肩（图 3-18）。另一尊双手皆残，高 54.61 厘米（图 3-19）。力士像可能来自于河南 [1]。有中国学者认为，其"造像风格与卢芹斋、David Weill（大卫·威尔）藏品肖似，份属龙门唐代作品的可能性亦极大" [2]。

这一对力士像让我联想到了洛阳龙门石窟的其他造像。宾博旧藏一尊北魏交脚弥勒石雕像，高 58.42 厘米，来自龙门石窟。这尊石像来自我的家乡，我仅在宾博馆刊上见过发表的照片（图 3-20），从未一睹佛像真容，深感遗憾。我出生在洛阳市涧西区，小时候常听父母讲龙门石佛爷的故事，想当然地以为龙门漫山遍野站立着石像。在我上小学五年级的时候，学校组织去龙门参观，五分钱一张门票。到了龙门才发现，现实中的石佛爷和我童年的想象不一样，放眼望去，山上

---

[1] Horace H. F. Jayne, "The Chinese Collections of the University Museum", *The University Museum Bulletin*, vol.9, no.2-3(1941).

[2] 孙迪、杨明权：《巩县石窟：流失海外石刻造像研究》，第 115 页。

3-20

图 3-18　宾博藏龙门石窟唐代力士像之一

图 3-19　宾博藏龙门石窟唐代力士像之二

图 3-20　宾博旧藏龙门石窟北魏交脚弥勒像

只有树，还有大大小小的石洞遍布山体，却找不到石像的影子。走近了，一个个石洞看下去，才晓得石佛是藏在洞里的，而不是像树一样挺立风中。首次龙门之旅留下的印记，不仅是龙门奉先寺那几尊巨大无比的雕像，还有与同学们下河摸虾捞蟹的愉悦与欢畅。

后来我学了文物考古专业，逐渐感受到佛教造像的艺术魅力。我前后去过龙门石窟数十次，最喜欢的是缓缓地攀登奉先寺前面很陡的石阶。在这缓慢向上的过程中，一点一点地看到卢舍那大佛的头顶、前额、双眸，会被一种莫名的神奇力量所触动。我终于明白，佛教造像是用无生命的载体，如石头、泥土、木料、金属等材料，创造出一个个赋予了生命张力的鲜活形象，这正是造像艺术的永恒魅力所在，也是信仰力量使然（图3-21）。

令人感到惋惜的是，清末民国时期，龙门石窟的大量石雕精品被盗凿售出，流失海外严重。据学者统计，国外有近40家博物馆及数名私人收藏家收藏有龙门造像，另外，中国台湾地区有2家机构，香港地区有2家机构，共计收藏龙门造像近200件[1]。例如，位于龙门西山的万佛洞开凿完成于唐代永隆元年（680年），前室南、北两壁下方龛内各刻有一件石狮，均于民国时期被盗凿。南壁石狮现藏美国波士顿美术馆（图3-22），北壁石狮入藏纳尔逊－阿金斯艺术博物馆，收藏地点明确。纳尔逊－阿金斯艺术博物馆藏石狮，为石灰岩质地，高浮雕，呈蹲坐状，头部为正面像，狮首硕大，瞪眼张口，鬃毛扬起，面目狰狞。狮身为侧面，左前爪抬至胸前，右前爪蹬地。后臀着地，右后肢蜷曲，右爪按地。石狮整个体态雄强有力，显示出唐代雕塑作品创作的高超水平。高140.97厘米，宽99.06厘米，

[1] 路伟、焦建辉：《龙门史话》，科学出版社，2020年，第322页。

图 3-21　1910 年的洛阳龙门西山奉先寺大像龛及其他窟龛

图 3-22　波士顿美术馆藏龙门石窟唐代万佛洞前室南壁石狮及原址盗凿痕迹

厚 30.48 厘米（图 3-23）。对照法国沙畹《北中国考古图录》《佛光无尽》等书中的龙门石窟图片，可知这一对石狮原为龙门唐代永隆元年万佛洞前室南、北两壁下部雕凿的狮子，被盗于 1930 年至 1935 年之间 [1]（图 3-24）。

2011 年，有洛阳学者提出，目前仍然保存于龙门石窟研究院的一件残石狮，应该是龙门万佛洞前室南壁凿下的石狮。那么，这件残石狮是如何重返龙门的呢？ 1969 年，上海博物馆馆长沈之渝和马承源带队到龙门石窟参观考察。在考察过程中，沈之渝、马承源两人谈到，中华人民共和国成立之初，人民政府清查上海海关仓库时，发现 7 件原属于龙门石窟的文物，其中有一尊石狮，这些文物均由上海博物馆保存。沈之渝等人回到上海后不久，上海博物馆就将这尊石狮送还龙门石窟 [2]。

上述洛阳学者的观点是否正确，只能通过将今天龙门石窟研究院藏品实物与 1910 年美国弗利尔在龙门考察时的老照片认真比对，才能得出答案。在老照片中，万佛洞南壁石狮子最为典型的特征，不仅口中含着一条链子，而且颈戴项圈，项圈中央刻一铃铛（图 3-25）[3]。这些特征在龙门石窟研究院藏残石狮头部均无体现，而与美国波士顿美术馆藏唐代石狮完全吻合，由此可以判定龙门石窟万佛洞外南壁石狮目前的收藏地点，应该是在美国波士顿美术馆，并非龙门石窟研究院。

这里选取的佛、菩萨、罗汉、天王及力士等雕像，只是宾博馆藏中国佛教造

[1] 龙门石窟研究所编：《龙门流散雕像集》，上海人民美术出版社，1993 年，第 87—89 页。

[2] 程奇、王晶、史诗：《万佛洞外唐代石狮雕塑：经风霜千载相守 遭劫难隔洋相望》，《洛阳晚报》2011 年 4 月 21 日。

[3] ［美］查尔斯·兰·弗利尔著，霍大为、王伊悠整理，李雯、王伊悠译：《佛光无尽：弗利尔 1910 年 龙门纪行》，上海书画出版社，2014 年，第 173 页。

图 3-23　龙门石窟唐代万佛洞前室北壁石狮及被盗凿痕

图 3-24　龙门石窟唐代万佛洞前室北壁石狮所处位置

图 3-25　龙门石窟唐代万佛洞前室南壁石狮及其所处位置

像的一小部分，我还由此延伸，探讨了洛阳龙门石窟造像散失海外的概况。它们均为中国雕塑史上的上乘佳作，远隔大洋，国内朋友对此知之甚少。清华美院的李静杰教授来信说："宾大博物馆佛教造像藏品十分有名，只是没有好的中文出版物，国内研究者一般不能够充分利用。"我希望，将来有更多的中国人能够欣赏到这些雕塑珍品。无论是东方人，还是西方人，他们来到宾博中国厅与佛教厅，站在这些艺术佳作面前，也许心灵将有所触动。透过这些造像，他们会充分领略到中国五千年古老文明的浑厚与隽美以及佛教所蕴含的深刻哲理。

昭陵石马夜空嘶

美国宾夕法尼亚大学博物馆藏

唐代昭陵两骏原境重构

1925 年 7 月 14 日，梁启超奋笔疾书，给留学美国费城宾夕法尼亚大学的儿子梁思成回信。从儿子的来信中得知，唐太宗李世民昭陵六骏中的两骏已经流落美国（图 4-1），他感到十分震惊。

> 昭陵石马怎么会已经流到美国去，真令我大惊！那几只马是有名的美术品，唐诗里"可要昭陵石马来，昭陵风雨埋冠剑，石马无声蔓草寒"，向来诗人讴歌不知多少。那些马都有名字，——是唐太宗赐的名，画家雕刻家都有名字可考据的。我所知道的，现在还存四只（我们家里藏有拓片，但太大，无从裱，无从挂，所以你们没有看见）。怎么美国人会把他搬走了！若在别国，新闻纸不知若何鼓噪，在我们国里，连我怎么一个人，若非接你信，还连影子都不晓得呢。可叹，可叹！[1]

位于中国陕西礼泉县大唐太宗昭陵北司马门内厚重雄浑的两骏石刻，共重约 7.6 吨，究竟经历了怎样的一段神秘旅程，最终被放置于相距万里之遥的美国宾博中国厅内？另有昭陵四骏现藏陕西西安碑林博物馆（图 4-2）。让我们通过时间与空间两个维度，来充分感受昭陵石骏的千古传奇吧[2]。

---

[1] 丁文江、赵丰田编：《梁启超年谱长编》，上海人民出版社，1983 年，第 1047 页。

[2] 2022 年 3 月 12 日，在河南郑州召开的"根与魂：考古学视野下不断裂中华文明学术研讨会"上在线宣读本文，并收录于韩国河主编《根与魂：考古学视野下不断裂中华文明研究》，科学出版社，2022 年，第 403—428 页，收入本书时略作修改、补充。

图 4-1　宾大博物馆藏唐代昭陵石刻飒露紫（左）与拳毛䯂（右）

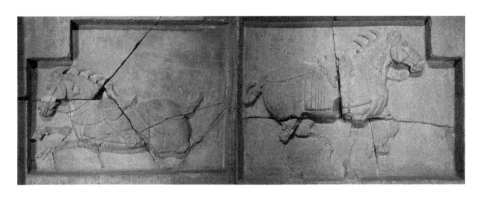

图 4-2　陈列于西安碑林博物馆内的昭陵四骏石刻

千年回眸

从时间轴来看昭陵六骏的历史，自初唐至宋金，历经元明清、民国，它们经历了石刻雕造、原地保存、石骏流散三个阶段。

雕造期

初唐为石刻雕造期。昭陵六骏历史的生成，经历了一个漫长的过程，从大唐建国之初秦王李世民南征北战开始。唐武德元年至五年（618—622年），李世民率军平定四方，先后消灭了薛仁杲、宋金刚、窦建德、王世充、刘黑闼等地方割据势力。[1] 在此征战过程中，李世民的多匹坐骑英勇牺牲。为了纪念这些骏马立下的赫赫战功，太宗下令雕造六骏石刻。

昭陵六骏的历史与昭陵陵园的营建史密切相关。昭陵是唐太宗与文德皇后的合葬墓，位于今陕西省礼泉县城东北的九嵕山上（**图 4-3**）。至于昭陵六骏浮雕石像雕刻于何时，有两种观点，即太宗时期说 [2]、高宗时期说 [3]。我赞同前一种说法。昭陵六骏这种叙事题材的大型浮雕，难以在数月内完成，需要有多年的积累与

---

[1]《旧唐书》卷二《太宗纪上》，中华书局，1975 年，第 23—29 页。

[2] 张建林、王小蒙：《对唐昭陵北司马门遗址考古新发现的几点认识》，《考古与文物》2006 年第 6 期。

[3] 李举纲：《〈昭陵六骏碑〉研究》，《碑林集刊》八，陕西人民美术出版社，2002 年，第 256 页；沈睿文：《唐陵的布局：空间与秩序》，北京大学出版社，2009 年，第 236—237 页。

图 4-3 1944 年拍摄的九嵕山南面全景

制作。从高宗登基到太宗下葬昭陵，时间极短。《旧唐书·太宗纪下》记载，贞观二十三年（649 年）五月，"己巳，上崩于含风殿，年五十二。……八月丙子，百僚上谥曰文皇帝，庙号太宗。庚寅，葬昭陵"。《旧唐书·高宗纪上》记载，贞观二十三年，"六月甲戌朔，皇太子即皇帝位。时年二十二。……（八月）庚寅，葬太宗于昭陵"。[1] 从太宗驾崩到入葬昭陵，只有三个月的时间。雕凿昭陵六骏与十四国君长像，需经过整体规划设计、绘制蓝本、开采石料、雕刻石像、运输上山等一系列复杂的工作程序，要完成如此庞大的工程，远非三个月能够完成。

昭陵营建工程开始于唐贞观十年（636 年）。六月，文德皇后病逝，后葬于昭陵。

_____

[1]《旧唐书》卷三《太宗纪下》，第 62 页；《旧唐书》卷四《高宗纪上》，第 66—67 页。

《旧唐书·太宗纪下》记载，贞观十年夏六月，"己卯，皇后长孙氏崩于立政殿。……冬十一月庚寅，葬文德皇后于昭陵"。[1] 同年十月，李世民与侍臣谈到了六骏石刻的刊刻一事。

> 帝谓侍臣曰："朕自征伐以来，所乘戎马，陷军破阵，济朕于难者，刊石为镌真形，置之左右，以申帷盖之义。"初，帝有骏马名飒露紫霜，每临阵多乘之，腾跃摧锋，所向皆捷。尝讨王世充于隋盖马坊，酣战移景，此马为流矢所中，腾上古堤。右库直丘行恭拔箭，而后马死。至是追念不已，刻石立其像焉。[2]

太宗所云"以申帷盖之义"，"帷盖"即车的帷幕与顶盖。这一典故源于《礼记·檀弓下》：

> 仲尼之畜狗死，使子贡埋之，曰："吾闻之也，敝帷不弃，为埋马也；敝盖不弃，为埋狗也。丘也贫，无盖，于其封也，亦予之席，毋使其首陷焉。"路马死，埋之以帷。[3]

《汉书·陈汤传》谷永上书："夫犬马有劳于人，尚加帷盖之报，况国之功臣者哉。"[4] 后以"帷盖"为接受或给予恩惠的典故。"至是"，即自始至终，反映

---

[1]《旧唐书》卷三《太宗纪下》，第46页。

[2]（宋）王钦若等编：《册府元龟》卷四二《帝王部·仁慈》，中华书局，1989年，第45页。

[3] 王文锦译解：《礼记译解·檀弓下第四》，中华书局，2007年，第152页。

[4]《汉书》卷七〇《陈汤传》，中华书局，1990年，第3021页。

出秦王率部在东都与王世充军队对阵厮杀中，将军丘行恭与战马飒露紫的惊人表现，给太宗留下了难以磨灭的深刻印象。由此分析，唐太宗命人刊刻六骏的本意是为了感念战马及其部下的救命之恩，即"济朕于难者"。而北宋人认为，"琢六骏之像，以旌武功"[1]，刊刻石像是为了宣扬李世民在大唐开国之初平定天下的卓著功勋，这应是刻立昭陵六骏的引申义。贞观十一年（637年）二月，太宗下诏："今预为此制，务从俭约，于九嵕之山，足容棺而已。积以岁月，渐而备之。……自今已后，功臣密戚及德业佐时者，如有薨亡，宜赐茔地一所，及以秘器。……所司依此营备，称朕意焉。"[2]

将上述几条文献资料联系起来，贞观十年文德皇后驾崩，对唐太宗有较大影响，他开始考虑昭陵整个陵园的规划、设计问题。先是提出将其以往所骑战死疆场的部分骏马形象刊石镌形，置于山陵左右。随后正式下诏，对陵园营建提出看法。诏书中"积以岁月，渐而备之。……所司依此营备，称朕意焉"，反映出贞观十年开始昭陵营建，逐渐使之设施完备，应该是循序渐进，并非一蹴而就。由此看来，昭陵六骏浮雕石刻的雕造时间，应完成于太宗贞观年间，其上限为贞观十年，下限为贞观二十三年。

在六骏石刻中，仅有一件刻画了人与马的形象，即现藏美国宾大博物馆的飒露紫（图4-4），它是秦王李世民讨伐东都王世充时所乘坐骑。我在现场观察，石刻整体高1.69、宽2.06、厚0.4米，长方形，外面围以边框，上、左、右边缘宽

---

[1] 张沛：《昭陵碑石》，三秦出版社，1993年，录文第228页。

[2]《旧唐书》《唐大诏令集》《资治通鉴》所记下诏时间均为贞观十一年二月。详见《旧唐书》卷三《太宗纪下》，第46—47页；（宋）宋敏求编：《唐大诏令集》卷七六《典礼·陵寝上·营卜》"九嵕山卜陵诏"，中华书局，2008年，第431页；《资治通鉴》卷一九四《唐纪十》，中华书局，1976年，第6127页。

图 4-4　宾大博物馆藏唐代飒露紫石刻

度基本一致，下缘较宽。左上角向内有一块方形平整石面。框内为主体形象，人和马均为侧面像，以浮雕形式，表现了马呈驻足状，秦王部将丘行恭侧立于马头前，用手将马胸前所中箭矢拔出的瞬间场景（图4-5）。在石骏左下角及左侧面边缘下部，残存阴线刻花卉装饰纹样(图4-6)。石刻背面略显粗糙，未经细致打磨。《旧唐书·丘行恭传》对其画面做了生动解读。唐代武德四年（621 年）二月，丘行恭跟随李世民大军讨伐盘踞在东都洛阳城中的王世充，双方会战于城北邙山之上。太宗想探一探王世充队伍的虚实强弱，就率领数十骑兵，杀到其后，所向披靡，敌军死伤较多。后来太宗被一道长堤阻挡，与手下人失去联系，仅有丘行恭一人跟从。敌军劲骑尾随太宗，放箭射中太宗坐骑。丘行恭回马反射，百发百中，

图 4-5　飒露紫石刻局部　　　　　图 4-6　飒露紫阴线刻花卉纹饰

敌人不敢向前。丘行恭下马拔箭，让太宗骑他的战马。他在御马前步行，手执长刀，连斩数人，保护太宗突出重围，并与唐军会合。"贞观中，有诏刻石为人马以象行恭拔箭之状，立于昭陵阙前。"[1]

宾大博物馆收藏的另一件拳毛𬴂石骏，刻画的是李世民率兵平定刘黑闼时骑的宝马（图4-7）。石像高1.65、宽2.07、厚0.44米。画面上，骏马呈行走状，两蹄着地，两蹄抬起，缰绳、鞍鞯等马具雕刻逼真写实（图4-8）。比较两骏石刻画面主体形象，前者包括一人一马，后者仅刻一马，故拳毛𬴂的形象比飒露紫略显高大，但残损较为严重，右上隅呈三角形区域石体缺失，后人补石复原。拳毛𬴂浮雕表面大面积存在一层附着力极强的石锈，推测是由于长期仆倒于地所致，显得沧桑古朴。

昭陵博物馆藏唐龙朔二年（662年）许洛仁碑云："公于武牢关下，进骓马一匹，口口追风。……每临阵指麾，必乘此马，（下空）圣旨自为其目，号曰洛仁骓。及天下太平，思其骏服，又感洛仁诚节，命刻石图像，置于昭陵北门。"[2]有学者考证，许洛仁进献给秦王的战马，应是什伐赤。北宋宋敏求撰《长安志》卷一六《县六·醴泉》："太宗昭陵，在县西北六十里九嵕山。……陪葬诸王七，公主二十一，宰相一十三，丞郎三品五十三。……所乘六骏石像在陵后。"[3]在昭陵数量众多的陪葬墓中，就有左武卫大将军天水郡公丘行恭、冠军大将军许洛仁的墓。

---

[1]《旧唐书》卷五九《丘和传》附《丘行恭传》，第2326—2327页。

[2] 张沛：《昭陵碑石》，图版第42页，录文第151页。

[3]（宋）宋敏求、（元）李好文撰，辛德勇、郎洁点校：《长安志·长安志图》，三秦出版社，2013年，第498—501页。

图 4-7 宾大博物馆藏唐代拳毛䯄石刻

图 4-8 拳毛䯄石刻局部

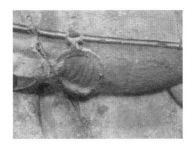

原地保存期

盛唐至宋元明清为原地保存期。唐代直接记述昭陵六骏的文献资料较少，甚至具体信息还有不实之处。例如，封演《封氏闻见记》卷六"羊虎"条："国朝因山为陵，太宗葬九嵕山，门前亦立石马。陵后司马门内，又有蕃酋曾侍轩禁者一十四人石象，皆刻其官名。"[1] 实际上，石马并非立于山陵门前，而是位于陵后的北司马门内。《安禄山事迹》卷下记载，天宝十五载（756年）六月八日，唐将哥舒翰出兵潼关，被安禄山部将崔乾祐打败。十四日，潼关失守。小字注云："阵之既败也，乾祐领白旗引左右驰突往来，我军视之，状若神鬼。又见黄旗军数百队，官军潜谓是贼，不敢逼之。须臾，又见与乾祐斗，黄旗不胜，退而又战者不一，俄然不知所在。后昭陵奏：是日，灵宫石人马汗流。""石人马"应是指昭陵六骏中的飒露紫。有学者认为，这一记载反映出盛唐之后六骏逐渐神化，由皇家陵寝"石马"的纪念性雕塑走入民间，成为具有非凡力量的神骏[2]。在数以万计的唐代诗歌中，涉及昭陵六骏的诗句可谓凤毛麟角，均称"石马"。

> 玉衣晨自举，石马汗常趋。（杜甫《行次昭陵》）
> 昔日太宗拳毛䯄，近时郭家师子花。（杜甫《韦讽录事宅观曹将军画马图》）
> 天教李令心如日，可要昭陵石马来。（李商隐《复京》）

---

[1]（唐）封演撰，赵忠信校注：《封氏闻见记校注》卷六"羊虎"，中华书局，2005年，第58页。

[2]（唐）姚汝能撰，曾贻芬校点：《安史事迹》卷下，上海古籍出版社，1983年，第32—33页；李举纲：《有关"昭陵六骏"的三则唐人文献》，《碑林集刊》十二，陕西人民出版社，2006年，第256页。

兴庆玉龙寒自跃，昭陵石马夜空嘶。（韦庄《闻再幸梁洋》）[1]

现藏昭陵博物馆的北宋开宝六年（973 年）镌刻《大宋新修唐太宗庙碑》，碑阴刻有《唐太宗昭陵图》及绍圣元年（1094 年）游师雄题记，题记下方为阴线刻昭陵图。其上部中央为皇城，城南东西向略列八排，其中有"丘行恭墓""许洛仁墓"[2]。此碑的刻立说明对于昭陵的祭祀，已开始由位于九嵕山南面的寝殿改为距山较远的唐太宗庙内，遗址位于今陕西礼泉县骏马乡旧县村（宋代醴泉县治）。该庙宇建筑在金代已有损毁，"顾彼垣宇，或倾或颓。究彼规模，若存若亡"。后得到了维修，并于天眷元年（1138 年）刻立《大金重修唐太宗庙碑》[3]。

"昭陵六骏"之名，最早见于北宋元祐四年（1089 年）游师雄题《昭陵陆骏》石碑。《宋史》记载有游师雄生平事迹，另有《永乐大典》所记可补史阙。《永乐大典》引《陕西志·人物》："宋游师雄，字景叔。直龙图阁知河州，名莅官二十余年，率常在边，其蕃汉情伪、将佐才否以至熟羌生界、山川险易、种落旌姓，靡不周知。"[4] 上述石碑为蔡安时篆额"昭陵陆骏"（图4-9），这应是最为正式的名称，而非昭陵"六"骏。据此碑文记载，昭陵六骏的名字分别为飒露紫、拳毛䯄、白蹄乌、特勒（勤）骠、青骓、什伐赤。这块石碑是昭陵六骏图像传播史上的重要节

---

[1] 杜甫：《行次昭陵》，《全唐诗》卷二二五《杜甫十》，第 2412 页；杜甫：《韦讽录事宅观曹将军画马图》，《全唐诗》卷二二〇《杜甫五》，第 2325 页；李商隐：《复京》，《全唐诗》卷五三九《李商隐一》，第 6199 页；韦庄：《闻再幸梁洋》，《全唐诗》卷六九七《韦庄三》，第 8090 页。中华书局编辑部点校：《全唐诗》（增订本），中华书局，1999 年。

[2] 张沛：《昭陵碑石》，录文第 229 页。

[3] 张沛：《昭陵碑石》，图版第 96 页，录文第 231—232 页。

[4] 马蓉等点校：《永乐大典方志辑佚》第五册，中华书局，2004 年，第 3232 页。

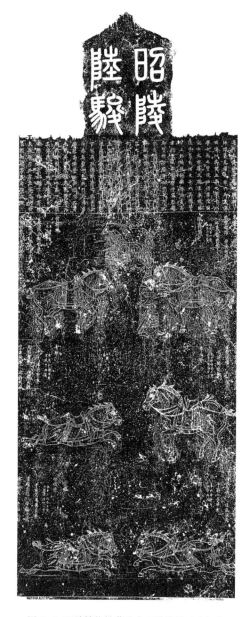

图 4-9 昭陵博物馆藏北宋昭陵陆骏石碑拓本

点，具有承前启后的作用。它让今人了解到北宋之前唐代六骏的定名、排序及形象特点，也为后人创作六骏题材的作品以及研究提供了坐标。由于此碑为平面阴线刻，集六骏图像与马名、像赞于一碑，便于制拓、保存资料，利于传播，为昭陵六骏资料的著录与研究提供了重要资料。

关于《昭陵陆骏》石碑上六骏的排序，亦即六骏像赞如何录文的问题，目前有两种形式。明代方志孤本《崇祯醴泉县志》以及当代学者张沛、李举纲的排序相同，均为西一飒露紫，东一特勒（勤）骠，西二拳毛騧，东二青骓，西三白蹄乌，东三什伐赤 [1]。陈诵雎、沈睿文录文排序相同，均为东一特勒（勤）骠，东二青骓，东三什伐赤；西一飒露紫，西二拳毛騧，西三白蹄乌 [2]。

在前人研究的基础上，我提出了第三种录文形式。按照古人书写、读碑的顺序，应该是自上而下，由右及左，还原到昭陵的实际环境中去，即为从南到北、自西向东的顺序。《昭陵陆骏》碑上六骏的排序与六马像赞录文如下：

飒露紫，西第一，紫燕骝，前中一箭，平东都时乘。紫燕超跃，骨腾神骏。气詟三川，威凌八阵（图4-10）。

拳毛騧，西第二，黄马黑喙，前中六箭，背三箭，平刘黑闼时乘。月精按辔，天驷横行。孤矢载戢，氛埃廓清（图4-11）。

白蹄乌，西第三，纯黑色，四蹄俱白，平薛仁杲时乘。倚天长剑，追风骏足。

---

[1] （明）荀好善纂修：《崇祯醴泉县志》，明崇祯十一年刻本，《国家图书馆藏明代孤本方志选》，中华全国图书馆文献缩微复制中心，2000年，第615—620页；张沛：《昭陵碑石》，录文第230页；李举纲：《〈昭陵六骏碑〉研究》，《碑林集刊》八，第258—259页。

[2] 陈诵雎：《昭陵六骏名实考》，《碑林集刊》八，第249页；沈睿文：《唐陵的布局：空间与秩序》，北京大学出版社，2009年，第238页。

耸辔平陇，回鞍定蜀（图4-12）。

特勒（勤）骠，东第一，黄白色，喙微黑色，平宋金刚时乘。应策腾空，承声半汉。入险摧敌，乘危济难（图4-13）。

青骓，东第二，苍白杂色，前中五箭，平窦建德时乘。足轻电影，神发天机。策兹飞练，定我戎衣（图4-14）。

什伐赤，东第三，纯黑色，前中四箭，背中一箭，平世充、建德时乘。瀍涧未静，斧钺申威。朱汗骋足，青旌凯归（图4-15）。[1]

北宋游师雄题刻的《昭陵陆骏》石碑，是昭陵六骏研究中最为重要的资料之一[2]。有学者指出，金代画家赵霖绘制的《昭陵六骏图卷》，应当是据北宋的线刻拓本摹绘的，某些部位与唐代昭陵石刻有所差异。原作石刻是高浮雕，且没有颜色，如果把它变为着色的线描图画，这无异于再创造[3]（图4-16）。

明代方志孤本《崇祯醴泉县志》中有一幅《唐太宗庙制旧图》，记录了该碑在庙中的位置（图4-17）[4]。从平面图上看，整座庙宇呈繁体"囬"字形，分为左、中、右三所院落，其中心院落面积最大，以南面的拱形门与北面的大殿形成南北中轴线，位于中部的仪门与东西围墙将其划分为前院、后院。在前院甬路东侧，立有六骏马碑、太宗庙碑；在与之对应的甬路西侧，则有昭陵图碑、太宗庙碑。该县志还保存了明代人摹绘的昭陵六骏线图及赞文（图4-18），因是孤本，极为罕见。

———

[1] 张沛：《昭陵碑石》，图版第95页。

[2] 陈诵雒：《昭陵六骏名实考》，《碑林集刊》八，第248页。

[3] 杨新：《对昭陵六骏的追摹与神往：金赵霖〈昭陵六骏图卷〉》，《文物天地》2002年第2期。

[4]（明）苟好善纂修：《崇祯醴泉县志》，明崇祯十一年刻本，《国家图书馆藏明代孤本方志选》，第605—606页。

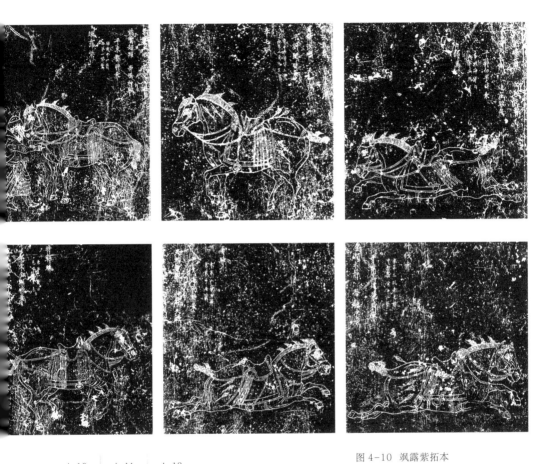

| 4-10 | 4-11 | 4-12 |
| 4-13 | 4-14 | 4-15 |

图 4-10 飒露紫拓本

图 4-11 拳毛䯄拓本

图 4-12 白蹄乌拓本

图 4-13 特勒（勤）骠拓本

图 4-14 青骓拓本

图 4-15 什伐赤拓本

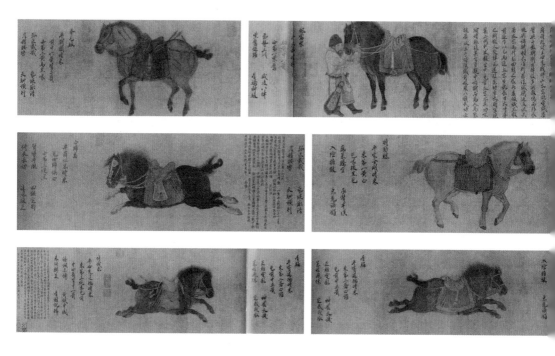

图 4-16 金代赵霖《昭陵六骏图卷》

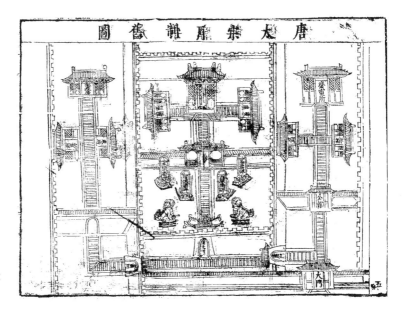

图 4-17 唐太
宗庙制旧图

　　明清时期，朝廷开始在九嵕山北坡的北司马门址进行墓祭，留下大量碑刻。明代洪武四年（1371年）《御制祝文》石碑是现存唐代之后朝廷在北司马门进行祭祀最早的记录。说明宋金时期的庙祭，到了明代又有了墓上祭祀。现存昭陵北司马门的明清两代祭祀碑留存较多，共 21 通 [1]。例如，明代御制祝文碑包括正统元年（1436 年）、成化元年（1465 年）、弘治元年（1488 年）等不同年份 [2]。昭陵北阙留存清代石碑较多，如见于著录的四通御祭碑，分别为康熙三十五年（1696年）、康熙三十六年（1697年）、乾隆十四年（1749年）、乾隆二十年（1755年）。

[1] 陕西省考古研究所、昭陵博物馆：《2002 年度唐昭陵北司马门遗址发掘简报》，《考古与文物》2006 年第 6 期。

[2] 张沛：《昭陵碑石》，图版第 97 页，录文第 232 页。

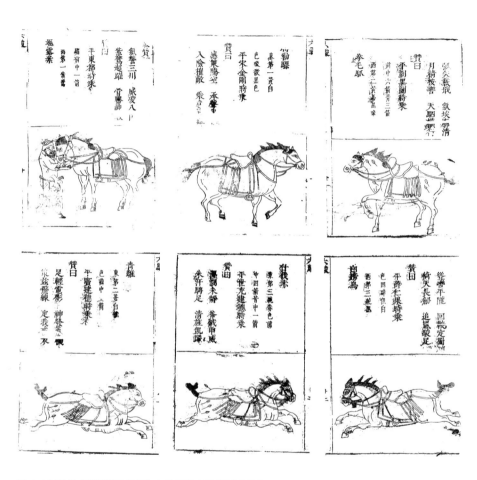

图 4-18 明代《崇祯醴泉县志》中的昭陵六骏线图及赞文

另外，在山下礼泉县烟霞乡东坪村东越国太妃燕氏墓前，还立有一通乾隆四十九年（1784 年）《大清防护昭陵之碑》[1]。明清时期的墓上祭祀，在一定程度上起到了保护昭陵六骏石刻的作用。

清末，随着闭关自守政策的瓦解，部分外国人进入中国境内考察名胜古迹，公布考察成果，给一些古代遗存的保护带来了隐患，它们往往成为西方列强猎取的目标。目前所见最早关于昭陵六骏的照片，是 1907 年 9 月 10 日法国汉学家沙畹拍摄的黑白照片。从画面上看，昭陵石刻上方原盖有数间房屋，以保护石骏[2]。后因年久失修，屋顶仅存半面坡顶，其余多已坍塌，残垣断壁无法遮挡风雨对石刻的侵蚀。保存最为完整的石骏为飒露紫，其次是什伐赤，余者出现不同程度的断裂（图 4-19）。

1906—1910 年，日本学者足立喜六任教于陕西高等学堂，遍访西安周边汉唐遗迹。1935 年，其《长安史迹考》出版。他曾经考察昭陵北司马门址，亲见六骏石刻的现状。"沿断崖迂回山陵东南，在陵之正北，为北向稍倾斜之广阔平地。……再登小石阶，两侧有石室对立。屋顶破而墙壁崩，状颇荒废。其内各置半裸之六骏碑三座。……制作悉皆雄壮巧妙，判定为古来之物，幸尚少破损灭，得完整保存之。近因某欧洲人前来秘密收买，运至西安城，为官宪没收，现保存在图书馆中。"[3]

---

[1] 张沛：《昭陵碑石》，图版第 99—101 页，录文第 233—236 页。

[2] Edouard Chavannes, *Mission archéologique dans la Chine septentrionale*, 1909, no.438-445.

[3] ［日］足立喜六著，杨炼译：《长安史迹考》，线装书局，2006 年，据 1935 年原版影印，第 205—207 页。书前仅附两幅昭陵图片，图版四十五为"唐太宗昭陵玄武门残壁"，四十六为"唐太宗昭陵六骏碑之一"。

图 4-19　九嵕山北坡昭陵北司马门遗址上的清代祭坛门洞与六骏石刻

石骏流散期

民国至今为石骏流散期。1913 年是重大转折点，昭陵两骏石刻在这一年被偷运下山。1918 年，昭陵两骏出现于美国纽约大都会艺术博物馆仓库，后借展于费城宾大博物馆，1921 年由该馆购藏[1]。1916 年，不法之徒将昭陵四骏盗运下山，被当地政府截获，收藏于陕西图书馆，后移入西安碑林博物馆。至此，昭陵六骏石屏皆因人为全部被迫移出原始环境。2002—2003 年，对昭陵北司马门遗址进行的大面积考古发掘[2]，有利于廓清唐代与明清时期遗存的分布范围，深入细致地了解昭陵六骏的原生与次生环境。

回顾一千三百多年来昭陵六骏的历史，我们可以发现三点。其一，昭陵六骏石刻，在唐代被称为"石马""石人马""昭陵石马"。"昭陵六骏"一名，最早见于北宋元祐四年游师雄题《昭陵陆骏》石碑，"陆"为"六"的大写字，"昭陵陆骏"是昭陵六骏最为正式的名称。其二，由唐代在九嵕山南侧的献殿祭祀，到宋金时期距山较远、位于礼泉城内的唐太宗庙祭祀，再到明清时期朝廷于陵山北面司马门内的墓祭，可以清晰地看到其祭祀地点的变化过程。只要有祭祀，就意味着昭陵六骏可能得到较好的保护。同时，也会出现破坏性保护与管理的现象，如明代人将唐代碑石改为他用[3]。其三，与昭陵六骏相关的实物资料，以石刻材料数量

---

[1] 周秀琴：《昭陵两骏流失始末》，《碑林集刊》八，第 228—234 页。

[2] 陕西省考古研究所、昭陵博物馆：《2002 年度唐昭陵北司马门遗址发掘简报》，《考古与文物》2006 年第 6 期。

[3] 李浪涛：《唐昭陵发现欧阳询书〈昭陵刻石文碑〉》，《碑林集刊》十，陕西人民美术出版社，2004 年，第 89—91 页；沈睿文：《唐陵的布局：空间与秩序》，第 236 页。

最多，内容丰富。包括带有文字或图像的石碑，无文字的人工制品。北宋元祐四年《昭陵陆骏》石碑的刊刻，有利于世人对于昭陵六骏的了解，在六骏图像的传播方面具有推动作用。

昭陵两骏的空间位移

我们将目光转向横向的空间轴，可以清晰地看到在不同时间段昭陵两骏被动的转移轨迹。从山上到山下，从昭陵到西安，从西安到北京，从北京到纽约，从纽约到费城（图4-20）。通过对空间位移的分析，有助于今人了解两骏流失的重要节点。关于两骏的被盗经过，众说纷纭，版本较多，以王世平、郗琳、周秀琴、陈文平等学者的论述最具原创性和代表性[1]。

第一次位移

两骏石刻发生第一次位移，是从昭陵北司马门内唐代基石到明清基座。2002—2003 年的大面积考古发掘，发现了北司马门内最南端东西两侧的唐代长廊状房址。其中西侧七间房址中北端的第五、六间，分别为飒露紫、拳毛騧的原

---

[1] 王世平：《昭陵六骏被盗经过调查》，《四川文物》2008 年第 5 期；郗琳：《关于昭陵六骏被盗真象的几个问题》，《碑林集刊》三，陕西人民美术出版社，1995 年；周秀琴：《昭陵两骏流失始末》，《碑林集刊》八，第 232—234 页；陈文平：《昭陵两骏流失海外真相新证》，《收藏》2017 年第 2 期。

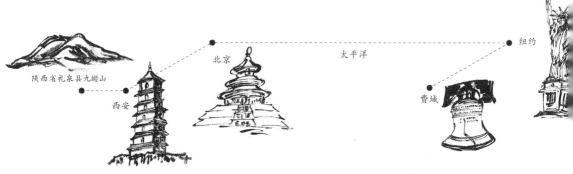

图 4-20　昭陵两骏空间位移线路示意图

始位置。清代所见两骏的位置，位于大殿西北隅的西庑房内，目前仅清理出用唐代六骏座石拼成的石座[1]，这是昭陵两骏的第一次位移。有学者推测，明代嘉靖三十四年十二月十二日（1556 年 1 月 23 日），发生了关中大地震，这是中国有地震记录以来震级最为强烈的一次，关中地区诸多碑石仆倒断裂。昭陵六骏有可能在这次大地震中严重受损，在明万历元年（1573 年）至清顺治二年（1645 年）之间，由民间人士发起对石骏的复位、维护工程[2]。今查到明崇祯十一年（1638 年）刻本《崇祯醴泉县志·地理》云，昭陵"陵有献屋，有后殿，有下宫，山巅亦有游殿，今俱废。唯陵北犹存石屋三楹，六骏列于左右。及贞观中擒服诸番君

[1] 陕西省考古研究所、昭陵博物馆：《2002 年度唐昭陵北司马门遗址发掘简报》，《考古与文物》2006 年第 6 期。
[2] 陈诵雎：《昭陵六骏名实考》，《碑林集刊》八，第 251—253 页。

长、颉利等十四人像琢石，列之北司马门内，今形皆不完。其垣墙、重门、甬路诸故迹，隆隆存也"。[1] "唯陵北犹存石屋三楹，六骏列于左右。"该县志记述了昭陵六骏的实际状况，"今形皆不完"，并放置于三间石屋之中，这应该是经历了嘉靖关中大地震，修复之后的面貌。

第二次位移

第二次位移是从昭陵北司马门内清代残破的西庑房，转移到西安城内的旧督署（南院），可以概括为"从山上到山下，从野外到城内"。石骏静静地守候着昭陵千余年，然而这种静谧却被盗贼所打破。背后的动因是什么？以往有几种说法 [2]，2001—2002 年，供职于美国宾大博物馆的周秀琴根据该馆藏档案资料，提出了新的看法：最早想收藏昭陵石骏的是法国人保尔·马龙。1912 年，他花了一大笔钱，通过在北京的法国人蒙塞尔·A. 格鲁桑，派了一个叫格兰兹的人前往陕西，想尽办法将石刻运走。1913 年 5 月的一天，飒露紫、拳毛䯄两石骏从昭陵被偷偷运下山去，当地村民闻讯而来，将其拦截。情急之下，盗贼们把珍贵的石刻推入悬崖。后来，石骏残块被陕西省政府没收 [3]。

1918 年出版的宋联奎《苏盦杂志·昭陵六骏》云："自辛亥后，石骏为师长张云山取其二，移置长安旧督署（俗称南院），然断泐不堪矣。" [4] "断泐不堪"，

---

[1]（明）苟好善纂修：《崇祯醴泉县志》卷一《地理》，明崇祯十一年刻本，《国家图书馆藏明代孤本方志选》，第 637—638 页。

[2] 郗琳：《关于昭陵六骏被盗真象的几个问题》，《碑林集刊》三，第 220—225 页。

[3] 周秀琴：《昭陵两骏流失始末》，《碑林集刊》八，第 232—234 页。

[4] 宋联奎：《苏盦杂志》卷三"昭陵六骏"条，京师撷华书局，1918 年。

反映了 1913 年昭陵两骏从九嵕山北坡之上盗运下山，被当地村民发现并截获，运到西安城内旧督署（南院）已遭破坏的惨状。

第三次位移

第三次位移是从西安旧督署（南院）运到了北京王府井大街永宝斋，时间大约为 1915 年 11 月至 1916 年 5 月之间[1]。

周肇祥《琉璃厂杂记》详细记述他在北京亲眼目睹了两骏实物，时间约为1916 年 6 月至 8 月："昭陵石马，去冬厂肆延古（斋）赵估鹤舫欲攫一为奇货，而重赂某公子之同乡步姓，思假公子力而致之。公子不察，遂电陕西将军陆建章，既而知其奸，复电陆运以来，勿予赵。陆不敢违，载以十牛之车，竟辇之都下，赵瞠眼无如何。公子固滥用无度者，手头常困乏，赵得乘间投所需，马乃归赵。余初不之信，近见马已陈于王府井大街永宝斋之门，则人言确矣。雕镂工绝，雄俊有电力，即非唐物亦属佳制。行见一出燕台，航海而西，永劫不复返，悲夫！"[2]

罗振玉《石交录》卷四亦有记载："昭陵北五里石刻六马，皆从太宗征伐有功者，……欧、殷马赞久不存，而六马则完好如故。海桑以后，袁世凯子克文令估人运六骏于洹上村。石重大，不可致，乃先将飒露紫、拳毛䯄剖而运之。既至京，袁怒估人之剖石也，斥不受。适美估人有在北京者，乃购运以去。今九嵕仅

---

[1] 陈文平：《昭陵两骏流失海外真相新证》，《收藏》2017 年第 2 期。

[2] 周肇祥著，宋惕冰等整理：《琉璃厂杂记》四，北京联合出版公司，2016 年，第 167—168 页。

存四骏矣。"[1]

第四次位移

第四次位移是从北京到美国纽约大都会艺术博物馆仓库。这一次昭陵两骏的位移，属于性质极其恶劣的跨国越境盗运，是中华民族无法弥补的巨大损失。其背后是一群人暗中精心策划与运作的，涉及卢芹斋、吴启周、赵鹤舫等人。有关如何从北京到达纽约及其运输过程的具体细节，尚有待于发现新的资料。

有学者考证，昭陵两骏从北京运到纽约的时间可能在 1917 年 2 月之后。至于昭陵两骏到达美国纽约大都会艺术博物馆仓库的情况，宾大博物馆学者根据该馆藏档案资料指出：1918 年 3 月 9 日，卢芹斋的助手带着宾大博物馆乔治·高登馆长，在大都会艺术博物馆仓库见到了两石骏（图 4-21），得知它们在美国已有一段时间 [2]。

第五次位移

第五次位移是从纽约到费城宾大博物馆。1918 年 5 月 7 日，卢芹斋在纽约创办的来远公司雇人用卡车将两石骏运往费城，第二天抵达目的地。此时石雕均为碎块。卢芹斋提议由宾大博物馆支付 140 美元的运输费，等将来该馆购买两骏

---

[1] 罗振玉：《石交录》卷四，己卯春，罗继祖主编《罗振玉学术论著集》第三集，上海古籍出版社，2010 年第 314 页。

[2] 周秀琴：《昭陵两骏流失始末》，《碑林集刊》八，第 228、234 页。

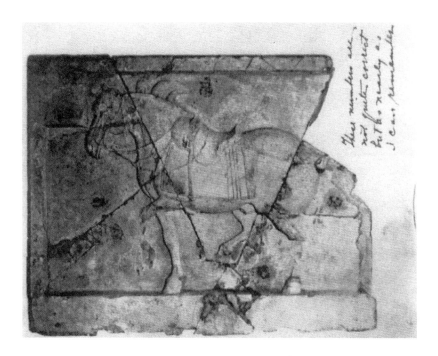

图 4-21　1918 年卢芹斋提供给宾大博物馆的拳毛𬴊石刻复原组装示意图

时再扣除这笔款项。宾大博物馆先是以借展的形式将两件石刻运抵本馆，到 1921 年为止，陆续将三笔购买费用共 12.5 万美元汇给卢芹斋[1]。从此以后，昭陵两骏的命运伴随着近代以来中华民族的屈辱史凝固在了宾大博物馆的圆形大厅之中。

　　2013—2017 年，上海大学陈文平教授根据上海博物馆藏民国时期卢吴公司的信函、电报、报表及照片等原始档案资料，揭开了昭陵两骏被盗卖海外的真实内幕[2]。首先我们可以知道这起盗卖石雕的人员构成，主谋是卢吴公司的创办者

---

[1] 周秀琴：《昭陵两骏流失始末》，《碑林集刊》八，第 231 页。

[2] 巩峥：《文保专家发现盗卖昭陵二骏书信电报，将促使其归乡合璧》，《北京日报》2013 年 11 月 21 日第 15 版；陈文平：《昭陵两骏流失海外真相新证》，《收藏》2017 年第 2 期，以下所引资料均源于此文。

卢芹斋与吴启周，手下帮凶是卢吴公司西安分号负责人王昶轩。王氏常住西安，可以及时掌握昭陵两骏石刻的行踪。另有北京古玩行延古斋的老板赵鹤舫，他有可能以中介身份参与卢吴公司的盗卖活动。卢芹斋声称从袁世凯手中买到两骏，从目前掌握的资料来看，此事与袁世凯无关，而与其次子袁克文有着密切关系。

其次，早在1914年2月4日之前，卢吴公司就开始策划盗卖两骏活动，当时已萌生购买昭陵两骏的想法，尚未具体实施。1914年12月，卢芹斋到达美国纽约，认识了宾大博物馆乔治·高登馆长，他喜欢石雕像，这正是卢芹斋盗卖两骏出境的动因所在。

再次，综合目前所见档案资料及当时中国政府颁布的法律法令分析，昭陵两骏运往美国销售的性质属于非法盗运、盗卖，卢芹斋盗卖石雕的行为触犯了中国政府的法律底线，北洋政府曾欲将其捉拿归案。

自陕西礼泉县九嵕山昭陵北司马门至西安城内的旧督府（南院），从西安南院到北京永宝斋；从北京到美国纽约大都会艺术博物馆仓库，再到费城宾夕法尼亚大学博物馆，昭陵两骏跌宕起伏的命运波折，也可视作中国历史由大唐盛世到民国乱世发展演变的缩影。空间的位移，反映的是时间的变化，是历史的盛衰之变。昭陵两骏，浑身刻满了历史的兴衰荣辱。两骏所处位置的不断转换，昭示着两石骏与国人的距离渐行渐远，最终流离失所，漂泊异乡。

昭陵六骏的考古情境

以往人们讨论昭陵两骏，问题大多集中在被盗经过、美术史以及修复保护等方面，未见论及其原生与次生环境问题。2002—2003 年，考古学者对昭陵北司马门遗址进行了全面揭露，发掘面积 5100 平方米 [1]，为进一步了解昭陵两骏的原生与次生环境提供了重要的第一手实物资料。

两骏石刻只是唐太宗昭陵规模宏大的陵园体系中的一小部分。昭陵沿袭中国古代"托体同山阿"的历史传统，以九嵕山体为陵，海拔 1224 米。除了昭陵东部与南部面积广大、数量众多、等级较高的陪葬墓区之外，还有三处重要的建筑遗址群，其中包括九嵕山北侧北司马门遗址。应将包括两骏在内的昭陵六骏还原到这一历史环境之中进行考察。

昭陵六骏原来放置于北司马门内。该门址位于九嵕山北坡下部，呈南高北低的地势（图 4-22），东西两侧为深沟。为了便于记录，考古学者将发掘区域分为三个区。揭露出来的遗迹分属唐代与明清两个时期。清代遗迹大部分叠压于唐代遗迹之上，局部打破唐代遗迹。

明清次生环境

明清时期的遗迹，俗称"祭坛"。平面呈长方形，由垣墙、山门、甬路、大殿与东西庑房等组成。垣墙南北长 95、东西宽 54 米。墙内建筑以山门、甬路、大殿为南北中轴线，东西庑房左右对称分布。东西庑房分别位于大殿的东北隅、

---

[1] 陕西省考古研究所、昭陵博物馆：《2002 年度唐昭陵北司马门遗址发掘简报》，《考古与文物》2006 年第 6 期；张建林：《唐昭陵考古的重要收获及几点认识》，樊英峰主编：《乾陵文化研究》（一），三秦出版社，2005，第 224—229 页。以下所引昭陵基本信息与考古发掘资料，均源于上述两文，不再一一出注，特此说明。

遗址全景
A Panoramic View of the Ruins

图 4-22 昭陵北司马门遗址全景

西北隅，其形制、结构相同。东庑房保存较好，地面仍存部分铺地砖。房址南北长 9.3、东西宽 6.35 米。目前仅清理出利用唐代六骏座石拼成的石座，呈南北向一列布置，三骏间没有间隔。

《崇祯醴泉县志·地理》所云昭陵"陵北犹存石屋三楹，六骏列于左右。……其垣墙、重门、甬路诸故迹，隆隆存也"[1]，"石屋三楹"，意即石屋三列。今结合考古发掘资料分析，揭露出来的基址基本保持了明代的建筑布局。清代前期在此基础上重建，略有调整，垣墙、甬路依旧，重门变成了筑有三个门洞的单门。清代后期，北司马门址内的建筑有所损毁，六骏石刻遭受风霜雨雪的侵蚀。1935 年，《续修醴泉县志稿·地理志》云："同治初，花门变起，昭陵殿庑尽毁。东西两壁六骏皆断泐，露立风雨中。"[2]

初唐原生环境

唐贞观年间，六骏石像被放置于北司马门内，具体在什么位置呢？考古发掘揭露出的昭陵北司马门唐代遗迹范围，南北长约 86、东西最宽处 61 米，分为门址内、外两个部分。其中，门址内南部两侧对称分布长廊状房址，以西廊房遗址保存较好，仅存部分夯土墙与柱础石，由此可以复原出西廊房的规模，即南北长 23 米，共 7 间，东西宽 5.35 米，一间半宽。北面三间，各置一六骏石刻，已清理出一块六骏石座。呈长方形，通长 2.7、宽 1.1、厚 0.3 米。由五块长方石组

---

[1] （明）荀好善纂修：《崇祯醴泉县志》卷一《地理》，明崇祯十一年刻本，《国家图书馆藏明代孤本方志选》，第 637—638 页。

[2] 张道芷等修，曹骧观等纂：《续修醴泉县志稿》卷三《地理志》，台北成文出版社有限公司影印，1970 年，第 173 页。

成，其间以铁栓板连接固定。石座四周侧面经过打磨加工，平整光滑，顶面平坦，仅在石块连接处留有若干个嵌入铁栓板的燕尾槽（图4-23）。

根据西廊房遗址北端清理出的六骏石座并结合北宋游师雄题《昭陵陆骏》石碑来看，这里应是昭陵两骏的原始位置。唐贞观年间，昭陵六骏中的飒露紫、特勒（勤）骠、白蹄乌三石骏，就被放置于西廊房北面三间内。此外，发现有移位的六骏座石，不仅有与之形制、大小相同的石块，而且还有一种形制较小、中有浅槽、边缘修成斜刹状的座石。发掘者据此推测，唐代六骏石座可能有三层。

图 4-23 昭陵北司马门遗址内唐代六骏石基座

令人略感欣慰的是，在清理过程中，出土昭陵六骏石刻残块 4 件，其中有 2 件马腿部残块可与现藏西安碑林博物馆的青骓、什伐赤浮雕石马残损部位相拼接，另有一件残块为拳毛䯄石刻马鞍断裂部分。其中 3 件残石入藏西安碑林博物馆[1]。另出土有唐代十四国蕃君长石像残躯及石构件、兽面纹脊头砖等遗物。

为什么昭陵六骏被放置于昭陵北司马门内？主持田野发掘工地的考古学者给

[1] 张建林、王小蒙：《对唐昭陵北司马门遗址考古新发现的几点认识》，《考古与文物》2006 年第 6 期。

出了清晰的答案。一是受地形所限，九嵕山南侧地势陡峭，北侧较缓，便于布局；二是制度，六厩位于长安宫城北面，六厩为养马的机构，事死如事生，陵墓若都邑；三是李世民对北门有一种特殊的情结[1]。为什么要以考古发掘资料为基础，来讨论昭陵六骏的原生与次生环境？这不仅对于深入了解流失海外昭陵两骏的原始环境、走进历史现场具有重要意义，而且有助于解决六骏中"青骓"与"什伐赤"的定名问题[2]。具体而言，其定名最为重要的依据是北宋《昭陵陆骏》石碑上的六骏线刻画及马赞，因为这是对初唐昭陵六骏石刻原始位置的客观记录。1907年法国学者沙畹拍摄的昭陵六骏照片，反映的是明清次生环境中六骏石刻的排序情况，六骏石像已经历了第一次位移，六骏的明清石基座与唐代石基座已不在同一位置，西安碑林博物馆中"青骓"与"什伐赤"两骏名称应该互换。

昭陵六骏浮雕的艺术特色

作为大型陵墓石刻，昭陵六骏在中国美术史上占据重要地位。从雕塑的角度出发，其艺术特色可归纳为六点。

一是对石刻整体感的把握。在六骏石刻设计之初，以阎立德为首的创作团队，首先考虑的是整体，其次才是局部。由初唐著名画家阎立本构思绘图，阎立德等人再做设计。六骏分为东西两列，神道两侧各置三件石马，无论站立，还是奔跑，

---

[1] 张建林、王小蒙：《对唐昭陵北司马门遗址考古新发现的几点认识》，《考古与文物》2006年第6期。

[2] 马成功：《昭陵六骏中"青骓"与"什伐赤"的定名》；陈诵雎：《昭陵六骏名实考》，《碑林集刊》八。

均是马头向南，朝向九嵕山主峰[1]。每一件石骏雕刻的边形外轮廓及整体感均做了充分考虑，所以六骏形象呈现出来的外轮廓看起来才很完整。在六骏形象的雕刻方面，充分运用了立体的造型语言。石马身上较为平整光滑，形成块面突起，显得有一种厚重感。若是马身上凸凹不平，虽然增强了立体感，但会缺少整体的厚重感，由此可见局部服从整体的重要性。石马身上雕刻的鞍、镫，仅具有示意性作用，不作为重点表现对象，还是侧重于突出马的自然状态，包括人的形象塑造亦是如此。

二是光影作用下厚重感的呈现。六骏石刻不是纯立体的，而是半立体的高浮雕。需要依靠光影来反映作品的黑白效果，对比较强。黑就是往深处做，重点强调拉伸，在视觉上就会突出，尽可能突出外轮廓线，从而显得形象厚重，马前后均很厚实。例如，拳毛騧腹部下面的边缘线阴影较重，感觉略黑（参见图4-8），其他部位为灰色。马毛、颜色似乎都能感觉到，在视觉效果上看起来舒服、妥帖。由于六骏是浮雕，不是圆雕，空间感不够，但是厚重感的分量够了。中华人民共和国成立初期，雕塑家刘开渠率队四处考察古代雕塑作品，目的是为了创作人民英雄纪念碑浮雕，其厚度基本上采用了昭陵六骏的厚度。在雕塑语言方面，学习了有关六骏的创作手法。为了建造人民英雄纪念碑，石工们特意用汉白玉石材复制了昭陵六骏石刻，现藏国博[2]。

三是六骏石刻表现手法的多样性。一方面是写实。从整体上来看昭陵六骏石刻，雕塑造型更加写实，如马首、脖颈等部位，写实性是其最大特点。另一方面是变形。在飒露紫石刻中，战马形象不拘泥于自然结构，会有变形，目的是为了

---

[1] 沈睿文：《唐陵的布局：空间与秩序》，第238页。

[2] 吕章申主编：《传承·发展：〈古代中国〉基本陈列设计构思》，中国社会科学出版社，2013年，第261页。

突出造型的形式美，如左腿长、右腿短。战马的下肢造型，内侧的马蹄压缩多，外侧的压缩少。将军丘行恭形象的塑造比例不甚准确，头部较大，但在画面中人物形象显得较为厚重。人与马之间，有一种反劲，均往后撤（参见图4-5）。石骏雕刻具有极高的艺术技巧，通过技巧表达出唐人的思想与情感。

四是六骏马姿与石刻构图的精心设计。根据六骏姿态的不同，分为立马、行马、奔马三类。飒露紫为立马，拳毛䯄、特勒（勤）骠呈行走状，白蹄乌、青骓及什伐赤为奔跑状。从目前的保存情况来看，拳毛䯄雕刻得较为精细，造型圆转、细腻，而飒露紫石刻中战马的造型更加朴拙一些。六骏属于陵墓建筑雕塑，需要符合陵园建筑整体布局的要求。每一石骏的长方形外框基本上大小一致。在此框内，立马与行马的视觉效果要更好一些，奔马的四腿蹬不出去，显得腿短（参见图4-2）。位于马首上方、题刻石骏像赞的石面大小不太一致。

五是遵循"基准面统一"与"比例压缩"原则。浮雕有两个平面，一个是底面，另一个是造型最高点连在一起的面。六骏石刻的外缘边框是一个基准面，其他面最高不能超出边框，一般比其要低。六骏造型严谨、清晰，最高点统一在同一高度上，即以边框为高度标准，而不是随形就势。关于石雕厚度的处理，浮雕要通过"减法"来造型，起位就是从石头底面向上起形，垂直向上走，给人一种压缩、厚重之感。所谓"比例压缩"原则，即在浮雕制作中将各类形象按比例进行压缩。在现实中形象厚重的战马，则雕刻分量就重；在现实生活中，马鞍、马镫分量较轻，浮雕中则刻画较浅。

六是昭陵六骏反映出极高的艺术水准。六骏石刻不是由一位匠师雕刻的，应该是有一个创作团队集体完成。唐人制作六骏石刻之时，呈现出来的是一种圆熟美。历经一千三百余年的沧桑巨变，岁月侵蚀的痕迹留存在石面上，形象局部或完整，或残损，或隐或现，粗犷美、残缺美跃然而出。六骏石刻在质感、肌理、细节等表达方面，均属自然天成。

昭陵六骏不仅形象较为写实，而且还带有浓郁的中国味道，即形象刻画在似与不似之间，具有极为强烈、真实的民族造型感，需要今人细细品味。若将昭陵六骏与唐代绘画中马的形象、三彩马俑等同一时期同一题材进行横向比较，亦能充分凸显出其独有的艺术魅力。昭陵六骏石刻堪称中国古代艺术史上的经典佳作[1]。

结语

昭陵六骏，无疑就是李世民南征北战、创立大唐基业的纪念碑，每一匹神骏都积淀着他人生某一阶段征战厮杀、艰苦卓绝的记忆片段。由初唐李世民征战疆场的一段段史实，经过艺术家的高度概括与提炼，生成了图像绘本，以此为蓝本，创作出了昭陵六骏高浮雕石刻，放置于九嵕山北坡北司马门内。到了北宋，游师雄题刻《昭陵陆骏》石碑，以阴线刻的形式，将六骏图像与像赞完整地保存下来。金代画家赵霖仿其图文，重新绘制出了彩色长卷，现藏故宫博物院。唐代昭陵六骏石刻真品，已分别收藏于陕西西安碑林博物馆与美国宾夕法尼亚大学博物馆，展出于中国国家博物馆"古代中国"基本陈列展厅内的是昭陵六骏复制品（图4-24、4-25、4-26），放置于陕西礼泉九嵕山北坡的是今人仿制的六块石刻，国家邮政局

---

[1] 2016年10月21日，承蒙雕塑家杨志强先生在中国国家博物馆"古代中国"基本陈列展厅现场解读昭陵六骏复制品，收获颇多，谨表谢意。

图 4-24　中国历史博物馆 1996 年版中国古代通史陈列中的飒露紫石刻复制品

图 4-25　中国历史博物馆 1996 年版中国古代通史陈列中的拳毛䯄石刻复制品

图 4-26　国博古代中国展厅内的昭陵六骏复制品

还发行了《昭陵六骏》一套六枚的特种邮票。不同材质、不同媒介所反映的是同一主题，并将成为永恒的艺术主题。

将六骏放在中国美术史的长河中来考察，亦能看到其独特的艺术价值。中国古代陵墓雕塑大多为圆雕，鲜见大型高浮雕。而昭陵六骏石刻为初唐著名画家阎立本绘制蓝本，阎立德主持依形复刻于石上，太宗自撰赞文，书法家欧阳询书丹，殷仲容刻石，堪称"五绝"，代表了唐代陵墓石刻的最高水平。鲁迅曾经谈起昭陵六骏，认为汉人的墓前石兽多是羊、虎、天禄、辟邪，而长安的昭陵上却刻着带箭的骏马，其创作手法简直前无古人[1]。雕塑家刘开渠指出，昭陵六骏都是十分富有现实主义精神的杰出巨制，以其简朴的刻法，明确、丰满的造型，突出表现了六骏的精神及其在战阵中的遭遇[2]。遗憾的是，民国之初，昭陵两骏的性质在不断发生变化，从大唐皇帝陵墓建筑上的石刻纪念碑，沦落为不法分子的赃物，甚至是送给"袁家花园"的礼品；从古玩商手中牟取暴利的商品，最终变为异国博物馆的藏品、展品，对此于右任不禁发出"石马先群超海去"的慨叹。

2021年，梁思成与林徽因的女儿梁再冰在回忆录中写道："妈妈告诉我，那时她和爹爹还有陈植伯伯，他们三人会一起长久地站在昭陵石马像前，就默默无语，谁也不说一句话。"[3]站在昭陵两骏面前，有良知的中国人心中都会有一种无法言说的民族之痛，那是一幅多么令人伤感的画面。昭陵两骏的故事，远未结束……

---

[1] 鲁迅：《看镜有感》，《鲁迅全集》第1卷，人民文学出版社，1981年，第197页。

[2] 刘开渠：《中国古代雕塑的杰出作品》，刘开渠编：《中国古代雕塑集》，人民美术出版社，1955年，第4页。

[3] 梁再冰等：《梁思成与林徽因：我的父亲母亲》，中国建筑工业出版社，2021年，第54页。

谁是刘庭训

英国大英博物馆藏

唐代三彩俑来源追溯

图 5-1 "大英博物馆 100 件文物中的世界史"在国博展出

2017 年 3—5 月，"大英博物馆 100 件文物中的世界史"在中国国家博物馆开展（图 5-1）；6—10 月，移至上海博物馆继续展出。在这些文物之中，有一件色彩明快的唐代三彩文官俑（图 5-2），它是地道的"中国制造"，却收藏于英国伦敦大英博物馆，这究竟有着怎样的曲折经历和传奇故事呢？

这件文官俑只是大英博物馆藏一组 13 件唐代三彩俑中的一件。长期以来，该馆学者认为这些三彩俑来源于中国河南洛阳唐代刘廷苟墓[1]，并将其视作镇馆之宝。2018 年 1 月，《三联生活周刊》策划了一期封面故事《看懂大英博物馆》。其中一篇文章提到，大英中国馆馆长"霍吉淑向我们重点介绍了陈列在展厅中央的唐代墓葬俑，她说，她希望这件（组）展品对中国馆来说，'就像蒙娜丽莎画像之于卢浮宫'。……霍吉淑告诉我，她之所以重点介绍唐朝墓葬俑，是因为它

[1] 在大英博物馆学者撰写的书中，专门有对"刘廷苟"墓出土陶俑以及刘氏生平的记述。参见［英］麦格雷戈著，余燕译：《大英博物馆世界简史》55《唐代墓葬俑》，新星出版社，2014 年，第 339—345 页。

图 5-2　国博展出大英博物馆藏唐代三彩文官俑及其细节

图 5-3 大英博物馆的镇馆之宝：唐代刘庭训墓出土一组三彩俑

的石碑（墓志铭）是近些年才由中国国家博物馆的一位工作人员发现的。从 20 世纪 20 年代这套陶俑来到大英博物馆以来，墓葬的主人是通过翻译中文文献而确定的，但现在有了实物的确认"[1]。

　　霍吉淑（Jessica Harrison-Hall）所说的"中国国家博物馆的一位工作人员"，就是我。我曾于 2017 年 4 月撰文，以这座唐墓出土三彩俑作为切入点，在研读、分析相关文献及墓志材料的基础上，提出这些三彩俑随葬唐墓的墓主人应该是"刘庭训"（图 5-3），而非"刘廷荀"，并找到以往未被学界给予充分关注、与三彩俑同出一墓的刘庭训墓志，对墓葬方位、墓主人生平事迹等问题进行了较为详细的考证[2]。

[1] 李想：《策展中国：专访大英博物馆中国馆馆长霍吉淑》，《三联生活周刊》2018 年第 2 期。

[2] 本文首发于《中国国家博物馆馆刊》2017 年第 4 期，收入本书时作了修改和补充。

三彩俑的来历

1921 年，英国学者霍布森（R. L. Hobson）发表的一篇文章，既是大英博物馆将这组唐代三彩俑定为"刘廷荀"墓所出的唯一根据，也是首次将这批资料公布于众（图5-4）。此文谈到，有一组陈列于维多利亚与艾伯特博物馆的唐代三彩俑，是尤摩弗普洛斯（George Eumorfopoulos，旧译猷莫伐蒲拉斯）近年购买的私人藏品，并且附有墓志拓本。该墓志拓本内容由韦利（A. D. Waley）翻译成英文，记述了墓主人刘氏为大唐故忠武将军、河南府与怀音府长。他的字被译为"T'ing-hsün"，后来大英博物馆据此音译，将其中文姓名写作"刘廷荀"。刘氏卒于开元十六年（728 年）八月十六日，时年 72 岁。墓志也谈到了"刘廷荀"的家世渊源、生平履历等内容。

霍布森推测，该墓室一定很宽敞，因为同一组唐代陶俑共 13 件。其中，文官俑、镇墓兽、马俑、骆驼俑各 2 件，天王俑、武士俑各 1 件，牵夫俑 3 件。文末提到，是尤摩弗普洛斯先生将这些三彩俑陈列于维多利亚与艾伯特博物馆内，后将其移至大英博物馆展出。1936 年，该馆从尤氏手中将这组三彩俑收购。霍布森随文

图 5-4　英国学者霍布森

图 5-5　中国文物在英国皇家艺术学会开箱（右一为傅振伦）

发表 5 幅三彩俑黑白图片，其中文官俑 2 件，天王俑、牵夫俑、马俑各 1 件[1]。

　　1933 年，燕京大学教授郑德坤注意到英国的黑得宁顿（Hetherington）在一本书中再次提到刘氏墓出土器物："黑得宁顿氏书中亦载有武后时仕刘氏（Liu T'ing hsün，显庆二年至开元［十］八年）。墓中出土带彩马，四神，魁头，鸟冠人物等。"[2]

　　1935 年，英国皇家艺术学会举办中国艺术国际展览会，中国学者傅振伦积极

[1] R. L. Hobson, "T'ang pottery figures in the Victoria and Albert Museum, The Eumorfopoulos Collection — XI", *The Burlington Magazine*, 1921, pp.20–25. 因文献语焉不详，今人无法知晓这一组三彩俑是如何运到英国的。

[2] 郑德坤、沈维钧：《中国明器》，第 59 页；Hetherington, *The Early Ceramic Wares of China*, p. 51, pl. 11。

参与此项活动，护送文物前往伦敦（图5-5）。与会期间，他多次考察大英博物馆，并撰文记述了该馆所藏部分中国陶瓷。他在展厅中看到了这组三彩俑："亚洲厅又有唐庭训（译音，卒开元十六年）墓之三角（彩）釉土俑数事。"[1] 他还谈到尤摩弗普洛斯的个人收藏："猷氏犹太裔英国籍。雄于资，收藏中国古器物甚多。……其展览于此院者，在入门大厅、亚洲厅及绘画室。周代铜器，玉器，唐铜镜，陶瓷于（与）刘定训（译音）Liu Ting-hsüen（开元十六年卒）墓陶俑，……均可贵。"[2]

今天，这组三彩俑仍在大英博物馆中国馆内展出，放置于中国馆内的中轴线后端，处于最为醒目的重要位置。这些陶俑体形高大，形态各异，釉色鲜亮，组合丰富，引起高度关注。它们积淀着深厚的历史底蕴，代表了盛唐高超的工艺制作水平，得到了世人的青睐。

如果对大英博物馆收藏的这一组三彩俑进行细致观察，可以发现其与众不同的大唐风韵。文官俑（藏品编号为1936,1012.221），头戴进贤冠，面目清秀，表情平和。着圆折窄领右衽宽袖袍服，衣领下饰以阴线刻半圆形弧波折纹，袖口饰褐、绿、白三色釉边。双手环拢于胸前，足蹬云履，立于

图 5-6 大英博物馆藏唐代文官俑

---

[1] 傅振伦：《记大英博物院之中国陶瓷》，《河南博物馆馆刊》第五集，民国二十五年（1936年），《民国文物考古期刊汇编》二十，全国图书馆文献缩微复制中心，2006年，第9988页。

[2] 傅振伦：《英国不列颠博物院》，原载《中国博物馆协会会报》第1卷5期，1936年。后收入《傅振伦文录类选》，学苑出版社，1994年，第880页。

台座之上。头部及冠白胎，未施釉，上身主要施深褐色釉，衣领处施绿釉与淡黄色釉，下身略施绿釉与黄釉。高 107、宽 29、厚 30 厘米（参见图 5-2）。另有一件文官俑（1936，1012.220），头戴鹖冠，身着绿釉袍服，立于一台座上。高 109、宽 27、厚 24 厘米（图 5-6）。

天王俑（1936，1012.223），头戴盔，瞋目拧眉，面目狰狞。左手握拳抬起，右手叉腰。身披铠甲，脚蹬战靴，足踏一只卧羊，羊卧于须弥式台座上。头部及盔为白胎，未施釉，上身铠甲施以深褐色釉与绿釉，下身以绿釉为主，间施深褐色釉。卧羊与台座施深褐色釉、绿釉及白釉。高 110、宽 50、厚 23 厘米。另有一件武士俑（1936，1012.222），束发，瞋目张口，左臂抬起，右手叉腰。身披铠甲，足蹬战靴，踏于卧羊头部与臀部，羊卧于台座之上。高 110、宽 50、厚 23 厘米。

镇墓兽（1936，1012.224），头上长角，脑后饰冲天火焰纹，大耳，圆脸庞，瞪睛张口，面目狰狞。肩生鬃毛，前肢直立，偶蹄，后肢蜷起，蹲坐于台座之上。头部及长角白胎，面部未施釉，双耳、前肢施棕黄色釉，肩上鬃毛、偶蹄施绿釉，胸部及双肩施以黄、绿两色釉。高 95.5 厘米。另有一件镇墓兽（1936，1012.225），面部施绿釉，瞋目张口，蹲坐于台座上。高 96 厘米。

马俑（1936，1012.226），头略昂起，伸颈，体形健硕，无鞍，四蹄立于托板之上。马首、前后肢下部略施白釉，余皆施棕黄釉。高 79.5 厘米。另有一件马俑（1936，1012.227），全身施白釉，胸、前腹及后臀部点染以深绿釉。高 85 厘米。

骆驼俑之一（1936，1012.228），头部高昂，呈嘶鸣状。长腿短尾，双峰之间放置一长条形驮架，架上横搭装满货物的椭圆形兽面纹袋囊，前置胡瓶与丝卷。四蹄立于托板之上。头顶、颈下、双峰、驮架下部、胡瓶、四肢外侧上部、蹄足施以棕黄釉，其余施白釉。高 84 厘米（图 5-7）。骆驼俑之二（1936，1012.229），昂首，背无驮架，四蹄立于托板上。驼身施棕黄釉。高 85.7 厘米。

图 5-7 骆驼俑两峰之间的兽
面纹袋囊

　　牵夫俑之一（1936，1012.231），头梳发辫，着
翻领窄袖长袍，腰束带，脚穿高筒尖头靴子，立于
托板上。双手握拳，右臂抬起，高于左臂，呈牵驼状。
头部白胎，未施釉。双拳施白釉，翻领及身体前部
施绿釉，靴子未施釉，身体上部流黄釉至靴。此俑
以施棕黄釉为主。高 47 厘米（图 5-8）。牵夫俑之二
（1936，1012.232），姿势与前近似，着翻领窄袖绿长
袍。头、颈部白胎，未施釉。高 50 厘米。牵夫俑之
三（1936，1012.230），高 48 厘米 [1]。

图 5-8　大英博物馆藏唐代牵夫俑

――――

[1]　王春法主编：《海外藏中国古代文物精粹·英国大英博物馆卷》，第 20—23 页。

墓葬主人辨析

2015 年 7 月，国博主持的《海外藏中国古代文物精粹·英国大英博物馆卷》编纂工作开始启动，由我负责撰写条目的 19 件（组）大英馆藏文物中，这组唐代三彩俑格外引人注目。根据大英博物馆有关这些文物简略的中文信息，我相继检索了《洛阳出土墓志目录》《洛阳出土墓志目录续编》《洛阳出土石刻时地记》[1]，均未能查到"刘廷荀"墓志。但根据刘氏卒年"开元十六年"这一线索，找到了与"刘廷荀"卒年完全相同的刘庭训墓志信息，该志现藏河南省开封市博物馆[2]。

按照刘庭训墓志所提供的详细信息，我推测大英博物馆所说的唐代忠武将军"刘廷荀"，可能是"刘庭训"音译的误写，并将英国霍布森文章[3] 中有关墓主人生前最高官职、卒年、寿龄等关键信息，与洛阳出土刘庭训墓志文字逐一进行比

---

[1] 洛阳市文物管理局、洛阳市文物工作队编：《洛阳出土墓志目录》，朝华出版社，2001 年；洛阳市文物考古研究院：《洛阳出土墓志目录续编》，国家图书馆出版社，2012 年；郭培育、郭培智主编：《洛阳出土石刻时地记》，大象出版社，2005 年。

[2] 洛阳市文物管理局、洛阳市文物工作队编：《洛阳出土墓志目录》，第 269 页。

[3] R. L. Hobson, "T'ang pottery figures in the Victoria and Albert Museum, The Eumorfopoulos Collection—XI", pp.20–25. 2016 年 2 月 25 日，大英博物馆中国部及大维德基金会负责人霍吉淑研究员来到中国国家博物馆，与馆内学者进行学术交流，了解有关《大英卷》文物条目的写作进展情况。我提出对"刘廷荀"名字的疑问，霍吉淑的回答是，该馆关于"刘廷荀"墓出土文物的文字说明，主要是根据霍布森的文章撰写的。文中没有刊出"刘廷荀"墓志拓本，也不知道这方墓志的最终下落。同年 4 月，霍吉淑为我提供了霍布森文章的电子版。

图 5-9 国博藏唐代刘庭训墓志拓本

对，最终确认大英博物馆提到的"刘廷荀"，与墓志志主是同一个人，正确的写法应该是"刘庭训"。

关于刘庭训墓志的细致考证，以往鲜有涉及；有关该墓志的文献著录，却达到了相当的数量，其形式分为编目、录文、存拓三类。中国国家博物馆收藏有两份刘庭训墓志拓本（图 5-9），正方形，边长 57 厘米；未发表过，是 1965 年从故宫太和殿前广场东侧的体仁阁运来的[1]。拓本中的"倦""羡"两字磨损，漫漶不清，施蛰存藏本则是两字完整。

据现有资料来看，刘庭训墓志实物最早收藏于河南图书馆，后移交给了河南

———

[1] 由国博藏品保管部提供有关刘庭训墓志拓本的基本信息。

博物馆。1936年，孙文青等对河南博物馆藏石刻进行了整理、统计："河南博物馆藏石刻，十又四种，八百又十六石。计堰石三十，墓志四百四十有六。……石多出自洛阳，初藏河南图书馆及古物保存会，民十七后始渐次移馆，散置东院廊庑间，议建碑林，未果。廿四年十一月，杜馆长遥欣始辟碑林于馆东以类置之。南北两庑为碑朵五十有四，奠以砖基，凝以水泥，钳置志盖、题记等七百五十六方。……民国二十五年四月廿五日，南阳素厂孙文青序于河南博物馆之研究室。"[1]
同年，赵惜时发表了河南博物馆藏历代石刻存目，其中就有刘庭训墓志。包括刘氏墓志在内的河南博物馆藏石刻来源，他在文中略作分析："现藏石刻计八百余事，其种类以墓志墓盖为最多，……惟所有石刻之出土地点，因历经河南图书馆、古物陈列所及河南古物保存委员会时代，皆无记录，莫由详考。……大概以洛阳附近出土者为多。"[2]1961年，河南省博物馆从开封迁往省会郑州，部分石刻移交给开封市博物馆，其中有刘庭训墓志。开封市博物馆成立于1963年，原在三胜街河南省博物馆旧址，后迁址于包府坑西湖南岸、迎宾路西侧[3]。至今，刘庭训墓志仍保存于该馆文物库房中。

---

[1] 孙文青：《整理河南博物馆藏石刻记》，《河南博物馆馆刊》第四集，民国二十五年（1936年），《民国文物考古期刊汇编》十九，全国图书馆文献缩微复制中心，2006年，第9536、9537页。

[2] 赵惜时：《本馆废藏之物品》（续），《河南博物馆馆刊》第四集，民国二十五年（1936年），《民国文物考古期刊汇编》二十，第9921—9922页。

[3] 开封市博物馆藏墓志资料；徐伯勇主编：《开封文物胜迹》，中州古籍出版社，1988年，第105页。

刘庭训墓方位推测及其学术价值

刘庭训的葬时、葬地在墓志中均有明确交代。志云，开元"十八年十月十六日，葬于邙山上东里"。"邙山上东里"究竟位于何处呢？"上东里"一个是唐洛阳城内的里坊上东里，另一个是作为城外洛阳县乡里地名。"邙山上东里"无疑是指后者。

有洛阳学者根据出土唐志，考证出了上东里的大致范围："上东里名称的来历大概与邻近隋唐东都城的上东门有关，此门为东城垣最北之门，杨湾村恰在上东门外东部，是唐代积润村所在。董村在杨湾西北约 2.2 公里处，凹杨在杨湾东北约 1.7 公里处。则由此 3 志可以大致确定唐代上东里、积润里的范围此三村之地。"[1] 上东门是唐洛阳外郭城东面自北向南第一座城门。《河南志·隋城阙古迹》：罗郭城"东面三门：北曰上东门"，小字注云："西对东城之宣仁门，隋曰上春，唐初改。"[2] "上东门"作为城门名称出现，最早见于西汉洛阳城，东汉沿用。《河南志·后汉城阙古迹》：后汉都城东面三门，"北曰上东门"，小字注云："按，贾谊疏曰：'择良日，立诸子雒阳上东门之外。'是则西汉时已有上东门矣。《汉旧仪》曰：'册皇太子、诸侯王皆于上东门。'"[3]

唐李保寿墓志云：李氏女第十七，字保寿，开成二年（837 年）五月五日卒

[1] 赵振华：《洛阳古代铭刻文献研究》，三秦出版社，2009 年，第 143 页。图一二引自第 159 页后附图 2。
[2] （清）徐松辑，高敏点校：《河南志》，中华书局，1994 年，第 99 页。
[3] （清）徐松辑，高敏点校：《河南志》，第 41 页。

于河南府宣教里，其年六月二十二日葬于洛阳县平阴乡上东里积润村[1]。《大业杂记》："出上春门，东十二里，有亭子宫。宫南临漕渠，东临积润池。"[2] 结合文献分析，"积润村"一名应是源于隋代积润池，"上东里"则是因位于上东门外而得名。

从地图上来看，唐代上东里的范围恰好位于今天陇海铁路的南侧附近。刘庭训墓被盗掘的时间有可能是在修筑汴洛铁路（陇海铁路前身）的时间段内，即1905年至1908年的三年间。据洛阳方志记载，汴洛铁路条约签订后，即行勘测和施工准备，按合同规定郑汴段先行开工，郑洛段次之。清光绪三十一年五月（1905年6月）开封动工修建，三十四年十一月（1908年12月）修到洛阳，全长183.8公里[3]。另据日本学者富田升的考证，修筑汴洛铁路洛阳段的时间上限，大概是该工程的后半期，即1907年夏季前后[4]。由此进一步推测，刘庭训墓被盗时间可能为1907年夏至1908年底。

汴洛铁路线通过邙山南麓，因工程动土，毁坏了一批古墓，墓中文物批量出土（图5-10），引发外籍铁路职员的收购和径自偷运出境[5]。乙卯年（1915年）四月初二日，罗振玉到洛阳考察。在洛期间，他拜访了陇海铁路工程局长、徐世昌的堂弟徐世章。徐世章告诉罗振玉："铁道总医官欧洲某国人所得古物甚多，得即寄归，不能知所得为何物也。"[6] 由此分析，唐代刘庭训墓出土三彩俑流失海外，

[1] 洛阳古代艺术馆：《隋唐五代墓志汇编·洛阳卷》13册，天津古籍出版社，1991年，第145页。

[2]（唐）韦述、（唐）杜宝撰，辛德勇辑校：《两京新记辑校·大业杂记辑校》，中华书局，2020年，第205页。

[3] 洛阳市地方史志编纂委员会编：《洛阳市志》第3卷《城市建设·交通·邮电志》，中州古籍出版社，1997年，第403页。

[4][日] 富田升著，赵秀敏译：《近代日本的中国艺术品流转与鉴赏》，上海古籍出版社，2005年，第247—248页。

[5] 赵振华：《洛阳古代铭刻文献研究》，第7页。

[6] 洛阳地区盗墓猖獗，罗氏对此做了记述："洛下私掘古冢约分三类：一曰贫民觊觎古物以贸钱；二曰势家购人发掘；三曰外人盗掘。"罗振玉：《五十日梦痕录》，《罗振玉学术论著集》第十一集，第178—179页。

图5-10　1907年7月汴洛铁路修建，从沿线挖出的陶俑与陶器

有可能与汴洛铁路的修建有一定联系。在修筑铁路的过程中挖出文物的例子，还见于河南洛潼铁路建造之时，英国工程师报告所得唐代明器，包括人物俑、动物俑及器物，共 57 件，现藏大英博物馆。[1]

有关唐代官吏的葬制，《唐会要》云："王公士庶丧葬节制，一品、二品、三品为一等，四品、五品为一等，六品至九品为一等。"[2] 刘庭训官居正四品上阶，应属于中级官吏。如果刘庭训墓严格按照唐代官府制定的埋葬规制来安葬的话，可以依据《唐会要》所记官吏葬制，对作为四品官的刘庭训墓的范围、封土及随葬品数量等做一粗略的复原：其墓田方六十步，坟高一丈二尺，陪葬明器七十件[3]。《唐六典》所云"五品以上六十事"[4]，与《唐会要》记述略有差异。无论怎样，这些文献记载均能反映出今人所知开封市博物馆藏刘庭训墓志、大英博物馆藏一组 13 件三彩俑，只是陪葬刘庭训墓劫后余生的一部分，并非随葬品的全部。

关于刘庭训墓及其出土三彩俑的学术价值，只有将其与洛阳地区发现的其他唐三彩纪年墓进行比较，才能对其有更为深刻的认识。据我统计，目前洛阳已发表资料的唐三彩纪年墓有 9 座。中华人民共和国成立以来，洛阳尚未发掘出唐代开元年间随葬三彩的墓葬。刘庭训墓的年代为开元十八年（730 年），是洛阳地

---

[1] 转引自郑德坤、沈维钧：《中国明器》，第 59—60 页；Hobson, R. L., *Chinese Potery and Porcelain*, p. 23。

[2] （宋）王溥撰：《唐会要》卷三八《葬》，第 812 页。

[3] 唐开元二十九年（741 年）正月十五日敕："古之送终，所尚乎俭。其明器墓田等，令于旧数内递减。……五品以上先是七十事，请减至四十事；……皆以素瓦为之，不得用木及金、银、铜、锡。……其墓田，……其四品墓田先方六十步，减至四十步；坟高一丈二尺，减至一丈一尺。"《唐会要》卷三八《葬》，第 811 页。

[4] 成书于开元二十七年（739 年）的《唐六典》云："甄官令掌供琢石、陶土之事。……凡丧葬则供其明器之属，三品以上九十事，五品以上六十事，九品已上四十事。当壙、当野、祖明、地轴、莩延马、偶人，其高各一尺；其余音声队与僮仆之属，威仪、服玩，各视生之品秩所有，以瓦、木为之，其长率七寸。"（唐）李林甫等撰，陈仲夫点校：《唐六典》卷二三《将作监》"甄官署"条，中华书局，2005 年，第 597 页。

图5-11 屈突季札墓（左）、张思忠墓（中）、安菩墓（右）出土三彩俑

区发现年代较晚的唐三彩纪年墓。刘庭训官居正四品上阶，其墓与宋祯墓均为洛阳唐代随葬有三彩器、品级最高的官吏墓葬。在洛阳地区已发表资料的三彩墓中，刘庭训墓三彩俑数量较多，形制较大，造型完美，釉色鲜亮。

国博展出的大英博物馆藏三彩文官俑造型较为独特，在洛阳出土同类俑中未见到与其形制相同的三彩俑（图5-11）[1]，它也是该地区所见较高的一件三彩文官

---

[1] 河南博物院：《河南古代陶塑艺术》，大象出版社，2005年，第280页图一四：2；俞凉亘、周立主编：《洛阳陶俑》，北京图书馆出版社，2005年，第311页；王绣等编：《洛阳文物精粹》，河南美术出版社，2001年，第189页。

图 5-12 戴令言墓出土红陶彩绘文官俑

俑。刘庭训墓文官俑与洛阳唐开元二年（714 年）戴令言墓出土彩绘文官俑在衣饰、手形等方面有一些相似之处，高度相同。这件红陶彩绘文官俑现藏故宫博物院。俑头戴进贤冠，身着圆折窄领右衽宽袖衣，衣领下斜饰以阴线刻半圆弧波折纹。足蹬云履，双手相交，置于胸前，立于台座之上（图 5-12）[1]。墓主戴令言为唐朝议大夫、给事中、上柱国，给事中属于正五品上阶 [2]。

刘庭训的传奇人生

与上述 13 件三彩俑同出一墓的刘庭训墓志极其重要，它为认识和了解墓主人、为随葬三彩俑的断代提供了较为详细的文字资料。关于墓主人刘庭训，文献语焉不详，未能查到与其相关的记述 [3]。刘庭训墓志为青石质，方形，石面平整，有阴线方

[1] 故宫博物院编：《雕饰如生：故宫藏隋唐陶俑》，紫禁城出版社，2006 年，第 141 页。

[2] 戴令言："以开元二年岁次甲寅正月廿日，终于洛阳审教里之私第，春秋五十有六。……以其年十二月甲寅朔七日庚申，合葬于洛阳清风乡之原。"周绍良主编：《唐代墓志汇编》上，上海古籍出版社，1992 年，第 1156—1157 页。

[3] 傅璇琮等：《唐五代人物传记资料综合索引》，中华书局，1982 年。

界格。楷书，30 行，行 31 字。志石边长 60、厚 12 厘米（参见图 5-9）。

　　该墓志以近千字的篇幅，记述了刘庭训的籍贯、家族世系及生平履历等内容。他"前后八任，历仕四朝"，"四朝"即武则天、中宗、睿宗、玄宗时期。其间，刘庭训参与了一些重要的历史事件。现依志文叙述顺序，从中选择重要信息，结合历史文献进行考证。

　　"公讳，字庭训，沛国丰人。"

　　刘氏名讳未载，仅存字庭训。"庭训"为一典故，源于《论语·季氏》。孔子在庭，其子孔鲤恭敬地走过，孔子教其以学《诗》《礼》，后人因此称父教为"庭训"。

　　　　（孔子）尝独立，鲤趋而过庭。曰："学诗乎？"对曰："未也。""不学诗，无以言。"鲤退而学诗。他日，又独立，鲤趋而过庭。曰："学礼乎？"对曰："未也。""不学礼，无以立。"鲤退而学礼。[1]

　　"汉河间王廿七代孙哲，仕晋，为河南尹，封新城侯，子孙因家焉，今为河南伊阙人也。哲即公之十六代祖。……祖敬，豪、饶二州司法、朝散大夫、滑州匡城令。……父节，青州千乘主薄（簿）。"

　　关于刘庭训的家族世系，在墓志的前半部分有所记述。称汉代河间王的第二十七代孙刘哲，在西晋时期担任河南尹，被封为新城侯，故子孙以新城为家，唐代属于河南府伊阙县。刘庭训沿袭西晋以来的家族传统，以伊阙县作为自己的籍贯[2]。

---

[1] 杨伯峻：《论语译注·季氏篇第一六》，中华书局，1962 年，第 185 页。

[2] "伊阙县，古戎蛮子国。汉为新成县，属河南郡。周武帝时属伊川郡。隋开皇十八年，罢郡，改为伊阙县。"（唐）李吉甫撰，贺次君点校：《元和郡县图志》卷五《河南道一》，中华书局，2008 年，第 134 页。

刘庭训的第十六代祖为西晋河南尹刘哲。祖父刘敬，历任豪、饶两州司法、朝散大夫、滑州匡城令。父亲刘节，为青州主簿，正史中皆未见记载。

"公以良家子补引驾左卫长上、右卫司戈、左羽林军中候。……寻迁岩邑府果毅。"

有关刘庭训的生平履历，志中记载尤详。他最初以良家子补引驾左卫长上、右卫司戈、左羽林军中候，后迁岩邑府果毅。长上、司戈、中候，均属诸卫、羽林军中的下级官职。《旧唐书·职官志一》记载，诸卫羽林长上，为"从第九品下阶"，是唐代九品三十阶的最低一等。诸卫左右司戈为"正第八品下阶"，诸卫左右中候为"正第七品下阶"[1]。岩邑府果毅品级略高，应属于下府果毅都尉，为"从第六品下阶"。府分为上、中、下三等[2]，岩邑府应属于下府，为河南府下设的39个府之一[3]。

"属契丹作梗，侵扰边陲。……大总管李多祚奏公为谋主……公智如泉涌，势若转圆，曾未浃辰，丑徒斯溃，假有余烬，窜谷潜山。……遂授通乐府果毅。"

契丹叛乱的时间始于武则天万岁登封元年（696年）五月，次年六月基本平定。墓志中提到大总管李多祚参加了平定契丹叛乱的军事行动，在新、旧《唐书》中

[1] 关于刘庭训不同时期所任官职品级的确定，均参照《旧唐书》卷四二《职官志一》，第1793—1805页，以下不再出注。

[2] "贞观十年，复采隋折冲、果毅郎将之名，改统军为折冲都尉，别将为果毅都尉。其府多因其地，各自为名，无鹰扬之号。凡五百七十四府，分置于诸州，而名隶诸卫及东宫率府。各领兵，满一千二百人为上府，千人为中府，八百人为下府。每府置折冲都尉一人，左右果毅都尉各一人。"（唐）杜佑撰，王文锦等点校：《通典》卷二九《职官一一·武官下》，中华书局，1996年，第809—810页。

[3] 《新唐书》卷三八《地理志二》，中华书局，1975年，第982页。

均有记述。《旧唐书·则天皇后纪》记载，万岁登封元年，"五月，营州城傍契丹首领松漠都督李尽忠与其妻兄归诚州刺史孙万荣杀都督赵文翙，举兵反，攻陷营州。尽忠自号可汗。乙丑，命鹰扬将军曹仁师、右金吾大将军张玄遇、右武威大将军李多祚、司农少卿麻仁节等二十八将讨之"。二年（697年）六月，"孙万斩为其家奴所杀，余党大溃"。[1] 契丹叛乱被唐军平定。《新唐书·李多祚传》亦载："室韦及孙万荣之叛，多祚与诸将进讨，以劳改右羽林大将军，遂领北门卫兵。"[2]

在平定契丹叛乱的过程中，刘庭训得到大总管李多祚的赏识，受到重用，立下战功。万岁通天二年（697年），被授以通乐府果毅。通乐府属于京兆府管辖，在两畿之内，应是中府[3]。中府果毅都尉为"正第六品上阶"。

"小贼张易之恃宠凭陵，因为判换，逞不臣之计，有无君之心。公翼奉圣躬，亲当矢石，斯须之际，遽从枭首。加游击将军，赐勋七转，乱彩百段，迁龙兴府折冲。"

神龙元年（705年）正月，武则天病重，宠臣张易之、张昌宗等专权。中宗李显在大臣崔玄暐、张柬之等人的拥戴下，率领羽林军进入神都洛阳宫城，斩杀张易之等，重新夺取皇位。《旧唐书·张易之传》："神龙元年正月，则天病甚。是月二十日，宰臣崔玄暐、张柬之等起羽林兵迎太子，至玄武门，斩关而入，诛易之、昌宗于迎仙院，并枭首于天津桥南。则天逊居上阳宫。"[4] 在此次行动中，

---

[1]《旧唐书》卷六《则天皇后纪》，第125—126页。

[2]《新唐书》卷一一〇《李多祚传》，第4125页。

[3]（唐）杜佑撰，王文锦等点校：《通典》卷二九《职官一一·武官下》，第810页。"千人为中府"小字注云："两畿及岐、同、华、怀、陕等五州所管府，虽不满此数，亦同中府。"

[4]《旧唐书》卷七八《张易之传》，第2708页。

图 5-13　洛阳龙门郭寨出土唐代李多祚墓志拓本

右羽林军大将军李多祚发挥了重要作用[1]。神龙三年（707年）七月五日，李多祚
在长安追随太子李重俊，诛武三思父子等人，却又被自己统率的羽林军所害[2]，
后迁葬洛阳龙门（**图5-13**）[3]。

---

[1] "多祚骁勇善射，意气感激。少以军功历位右羽林军大将军，前后掌禁兵，北门宿卫二十余年。神龙初，
张柬之将诛张易之兄弟，引多祚将筹其事。"《旧唐书》卷一〇九《李多祚传》，第3296页。

[2] 唐神龙三年，"秋七月庚子，皇太子重俊与羽林将军李多祚等，率羽林千骑兵三百余人，诛武三思、
武崇训，遂引兵自肃章门斩关而入。帝惶遽登玄武楼，重俊引兵至下，上自临轩谕之，众遂散去，杀
李多祚。"《旧唐书》卷七《中宗纪》，第144页。

[3] 李献奇、郭引强：《洛阳新获墓志》，文物出版社，1996年，第53、232—233页；张乃翥、张成渝：《洛
阳龙门山出土的唐李多祚墓志》，《考古》1999年第12期。

刘庭训是李多祚的部下，诛杀张易之时，李多祚任右羽林大将军，庭训当时应任职于羽林军中，志云"公翼奉圣躬，亲当矢石，斯须之际，遽从枭首"，说明庭训参加了诛杀张易之的军事行动。其后，刘庭训得以升迁，加封为游击将军，迁龙兴府折冲。《旧唐书·职官志一》记载游击将军为"从第五品下阶"，属于武散官，"武散官，旧谓之散位，不理职务，加官而已"。[1]《新唐书·地理志二》云，龙兴府为汝州临汝郡下设的四府之一[2]。龙兴府折冲应属于下府折冲都尉，为"正第五品下阶"。

"寻转太平公主府典军，委质沁园，参策鲁馆。"

为太平公主设府，是在唐中宗神龙二年（706年）正月[3]。设置公主府的原因，在文献中说得也很明白。《旧唐书·后妃传上》："（韦）后方优宠亲属，内外封拜，遍列清要。又欲宠树安乐公主，乃制公主开府，置官属。太平公主仪比亲王。"[4]

刘庭训转任太平公主府典军的最早时间，可能是在神龙二年。太平公主府典军与亲王府典军的品阶相同，为正五品上阶，"掌率校尉已下守卫、陪从之事"[5]。《新唐书·诸帝公主传》："神龙时，（太平公主）与长宁、安乐、宜城、新都、定安、

[1]《旧唐书》卷四二《职官志一》，第1795、1805页。

[2]《新唐书》卷三八《地理志二》，第984页。

[3]"太平公主者，高宗少女也。以则天所生，特承恩宠。……又相王、卫王重俊、成王千里宅，遣卫士宿卫，环其所居，十步置一仗舍，持兵巡徼，同于宫禁。太平、长宁、安乐三公主，置铺一如亲王。（神龙）二年正月，置公主府。"《旧唐书》卷一八三《武攸暨传附妻太平公主》，第4738—4839页。

[4]《旧唐书》卷五一《后妃传上》，第2172页。

[5]《旧唐书》卷四四《职官志三》，第1914—1915页。

金城凡七公主，皆开府置官属，视亲王。"[1]

"委质沁园，参策鲁馆"，引用了东汉与春秋时期的两个典故，来说明刘庭训参与了太平公主府及其园林的营建工程。"委质"意为人臣拜见人君时，屈膝而委体于地。"沁园"为园名，为东汉明帝的女儿沁水公主所有，章帝建初二年（77年）为窦宪所占[2]，后以"沁园"泛指公主的园林。"参策鲁馆"，意即参与策划鲁馆。《春秋·庄公元年》："秋，筑王姬之馆于外。为外，礼也。"[3] 春秋时期，鲁庄公主持周王姬的婚事，派大夫将王姬迎接到鲁国，在城外（或为宫外）筑馆住下，后送至齐国与齐侯成婚。后人以"鲁馆"称贵族女子出嫁时的外住之所。

太平公主在长安城内有三处住宅，分别位于兴道坊、兴宁坊、醴泉坊。在长安城东南隅地势较高的升平坊，还有一处园林，称为"乐游园"（图5-14）[4]。《新唐书·诸帝公主传》："始，（太平公）主作观、池乐游原，以为盛集。既败，赐宁、申、岐、薛四王，都人岁被禊其地。"[5]

---

[1] 《新唐书》卷八三《诸帝公主传》，第3650页；（宋）王溥撰《唐会要》卷六《杂录》："神龙二年闰正月一日，敕置公主设官属，镇国太平公主仪比亲王。……至景龙四年六月二十二日，停公主府，依旧置邑司。唐隆元年六月二十六日，敕公主置府，近有敕总停。其太平公主有崇保社稷功，其镇国太平公主府，即宜依旧。"

[2] 东汉建初二年，"宪恃宫掖声势，遂以贱直请夺沁水公主园田，主逼畏，不敢计。"《后汉书》卷二三《窦宪传》，中华书局，1973年，第812页。

[3] 杨伯峻：《春秋左传注·庄公元年》，第157—158页。

[4] （清）徐松撰，李健超增订：《增订唐两京城坊考》（修订版），三秦出版社，2006年，第143页。"唐长安中太平公主于原上置亭游赏。其地最高，四望宽敞，每三月上巳、九月重阳，士女游戏就此。……朝士词人赋诗，望日传于京师，故杜少陵有《乐游园歌》。"参见（唐）韦述、（唐）杜宝撰，辛德勇辑校：《两京新记辑校·大业杂记辑校》卷二"升平坊"条，第77页。图5-14底图由国博陈列工作部历史地图编绘室提供。

[5] 《新唐书》卷八三《诸帝公主传》，第3652页。

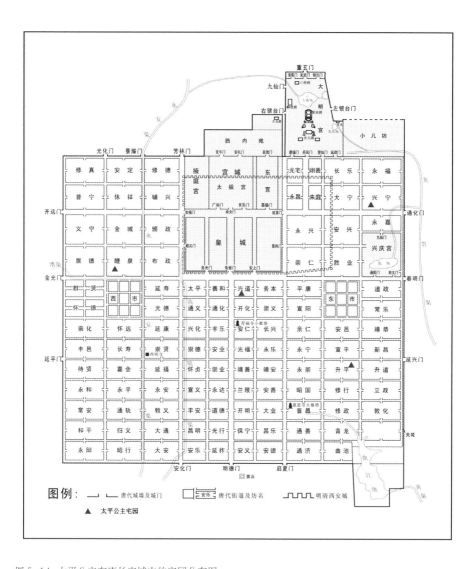

图 5-14 太平公主在唐长安城中的宅园分布图

"不假洛阳之令，自有匡卫之谋。"

刘庭训墓志中的这一句话说得较为含蓄，借用东汉"强项令"董宣不畏权势、斩杀湖阳公主奴仆的故事[1]，将意思委婉地表达出来。"不假洛阳之令"，即刘庭训不像东汉洛阳令董宣公然对抗光武帝刘秀的姐姐湖阳公主那样，公开与太平公主作对，而是拥有护卫玄宗皇帝的谋略，以柔克刚。"自有匡卫之谋"中的"匡卫"一词，有环绕、护卫中宫或皇帝之意。《汉书·天文志》："中宫天极星，其一明者，泰一之常居也，旁三星三公，或曰子属。后句四星，末大星正妃，余三星后宫之属也。环之匡卫十二星，藩臣。皆曰紫宫。"[2]《世说新语·政事》"遂斩超、雅"，南朝梁刘孝标注："苏峻逼主上幸石头，雅与刘超并侍帝侧匡卫。"[3]

唐玄宗登基之初，太平公主的政治势力极大，意欲于先天二年（712 年）七月作乱，玄宗李隆基提前得到密报，率领部下果断采取行动，将太平公主党羽全部斩杀[4]，公主被赐死于家中[5]。

---

[1] 董宣"后特征为洛阳令。时湖阳公主苍头白日杀人，因匿主家，吏不能得。及主出行，而以奴骖乘，宣于夏门亭候之，乃驻车叩马，以刀画地，大言数主之失，叱奴下车，因格杀之"。《后汉书》卷七七《董宣传》，第 2489—2490 页。

[2]《汉书》卷二六《天文志》，中华书局，1975 年，第 1274 页。

[3] 徐震堮：《世说新语校笺·政事第三》，中华书局，1987 年，第 96 页。

[4] 唐"先天二年七月三日，尚书左仆射窦怀贞、侍中岑羲、中书令萧至忠、崔湜、雍州长史李晋、左羽林大将军常元楷、右羽林将军李慈等与太平公主同谋，期以其月四日以羽林军作乱。上密知之，因以中旨告岐王范、薛王业、兵部尚书郭元振、将军王毛仲，取闲厩马及家人三百余人，率太仆少卿李令问、王守一、内侍高力士、果毅李守德等亲信十数人，出武德殿，入虔化门。枭常元楷、李慈于北阙。擒贾膺福、李猷于内客省以出，执萧至忠、岑羲于朝，皆斩之"。《旧唐书》卷八《玄宗纪上》，第 169 页。

[5]"先天二年七月，玄宗在武德殿，事渐危逼，乃勒兵诛其党窦怀贞、萧至忠、岑羲等。公主遽入山寺，数日方出，赐死于家。公主诸子及党与死者数十人。"《旧唐书》卷一八三《武攸暨传附妻太平公主》，第 4740 页。

"加忠武将军，迁崇信、怀音二府长、上折冲都尉。"

太平公主及其党羽被剿除之后，作为太平公主府典军的刘庭训不仅没有受到株连，反而加官进阶，受封忠武将军，任崇信、怀音二府长、上折冲都尉。崇信府驻地不详，怀音府属于河南府下设的 39 个府之一[1]，位于隋唐洛阳城洛南里坊区内的宣教坊。《河南志·京城门坊街隅古迹》"宣教坊"条："本名弘教，唐神龙初，避孝敬皇帝讳改。有怀音府。"[2]

上府折冲都尉、忠武将军均为"正第四品上阶"，忠武将军属于武散官。刘庭训从原来正五品上阶的太平公主府典军，升任正四品上阶的上折冲都尉，其间跨越了从四品下阶、从四品上阶、正四品下阶三个品级。玄宗于剪除太平公主及其党羽之后，在发布的诏书中提到："文武官三品以下赐爵一级，四品已下各加一阶。"[3] 对于刘庭训来说，不是加官一阶，而是增加了四阶，其中必有隐情。如果联系墓志中所说的"自有匡卫之谋"及文献中记载的"上密知之"一句来看，有理由相信，应该是刘庭训提前向唐玄宗通风报信[4]，使之迅速采取军事行动，根除即将谋反的太平公主及其党羽。刘庭训在此次行动中立下汗马功劳，所以才加官四级，从正五品上阶一跃成为正四品上阶。

[1]《新唐书》卷三八《地理志二》，第 982 页。

[2]（清）徐松辑，高敏点校：《河南志》，第 13 页。

[3]《旧唐书》卷八《玄宗纪上》，第 170 页。

[4] 刘庭训墓志所云与文献记载略有差异。《资治通鉴》"玄宗开元元年"：先天二年，"秋，七月，魏知古告公主欲以是月四日作乱"。《资治通鉴考异》引《上皇录》云："公主谋不利于上，与今上更立皇子，期以是月七日作乱。今上密知其事，勒左右禁兵诛之。"参见《资治通鉴》卷二一〇《唐纪二六》，第 6683 页。

"才过杨（扬）雄之岁，旋及孔丘之年，以开元十六年八月十六日，终于杨府之旅亭，时年七十有二。……用十八年十月十六日，葬于邙山上东里。"

西汉文学家扬雄，卒时 71 岁[1]。孔丘卒时 73 岁[2]。刘庭训未及孔子，在"开元十六年八月十六日，终于杨府之旅亭，时年七十有二"。开元十六年，即 728 年。古人一般多以虚岁记寿龄，依此逆推，其生年当为 657 年，即唐高宗显庆二年。"终于杨府之旅亭"，"杨府"即为扬州，在隋代墓志、镜铭中已出现这种称谓[3]。旅亭，是指供旅人暂时休息的处所。"十八年十月十六日，葬于邙山上东里"，开元十八年即 730 年，从刘庭训卒于扬州旅亭，至归葬洛阳邙山，其间历经整整两年两个月。葬地"邙山上东里"，位于隋唐洛阳郭城东垣北端第一门上东门外。

结语

凝望着伫立于大英博物馆展柜中这一组体形高大的三彩俑背影，仿佛目送着这支来自大唐的队伍远行，看着走过千年的风雨沧桑，逐渐隐没于历史的尘埃之中，给今人以更多的遐想。透过这些釉色鲜亮、五彩斑斓的俑群，让人情不自禁地联想到三彩俑随葬黄泉之下的墓主人刘庭训。

---

[1]《汉书》卷八七下《扬雄传下》："年七十一，天凤五年卒。"

[2]《史记》卷四七《孔子世家》："鲁襄公二十二年而孔子生。生而首上圩顶，故因名曰丘云。字仲尼，姓孔氏。""孔子年七十三，以鲁哀公十六年四月己丑卒。"

[3] 陈灿平：《扬州铸镜与隋唐铜镜的发展》，扬州博物馆编：《江淮文化论丛》第二辑，文物出版社，2013 年，第 278 页。

　　总结墓志中记载的刘庭训一生，他自位居官品最低一等、从九品下阶的左卫长上，逐步升迁，最后任正四品上阶的忠武将军、上折冲都尉。在这三十余年的时间里，他主要参与实施了三次与大唐政权密切相关的军事行动：最初跟随大总管李多祚，参加了平定契丹叛乱的军事行动；在升任右羽林大将军李多祚的率领下，诛杀武则天宠臣张易之，辅佐中宗再次登基；在玄宗剪除太平公主政治势力的过程中，虽任太平公主府典军，却忠于皇帝李隆基，发挥了积极作用。刘庭训的人生经历可谓跌宕起伏，传奇颇多，终能化险为夷，安度余生，实乃幸甚之至，令人感慨万端。

　　刘庭训无法想象，在逝去一千两百余年之后，墓中随葬的这组三彩俑几经周折，竟然远渡重洋，最终落脚大英博物馆，成为足以自豪的镇馆之宝。

丫髻

美国旧金山亚洲艺术博物馆藏

唐代骑马女俑服饰风尚

图 6-1　旧金山亚洲艺术博物馆藏唐代骑马女俑

　　美国旧金山亚洲艺术博物馆是一座以收藏、展示中国文物为重点的博物馆。该馆藏有一件唐代彩绘骑马出行女俑，属于芝加哥知名收藏家布伦戴奇（Avery Brundage）的旧藏。这件女俑质地为泥质灰陶，除了骑马俑面部施白彩之外，其他部分施红色彩绘，局部彩绘脱落。女俑头梳丫髻，头微低，上身直立，稳坐于马上。左臂略曲，左手握拳，放于鞍前，右手放于身后。女俑胯下宝马高大威武，四肢劲健，踏于长方形底板之上。马首低垂，张口，瞑目，立耳。脖颈前伸，颈上鬃毛简化为一道弧形突棱。臀部浑圆，短尾后伸。高 67.3、长 59.7、宽 25.4 厘米（图6-1）[1]。

我们从上到下来看一下这件骑马女俑的服饰。丫鬟，说明这是一名未成年的少女形象；服装，上身衣服为圆领、窄袖，腰束带，下身着袍服，开衩，裤脚、女式线鞋清晰可见；整体来看，女俑塑造了一名着男装的少女形象。它应该是随葬于墓中的明器。唐代人对骏马的观察与塑造，达到了相当高的水准。虽然这件骑马女俑马的四蹄均立于底板之上，处于一种静止站立状态，但仔细观察，会发现俯下的马首颈项紧绷，形成圆弧形的外轮廓，与劲健有力的四肢形成强烈对比，充溢着内在的张力。

骑马女俑的制作年代与出土地点

按照历史文献记载推测，这件骑马女俑的年代可能会在开元、天宝年间。《大唐新语》卷一〇云：

> 武德、贞观之代，宫人骑马者，依周礼旧仪，多着羃䍦，虽发自戎夷，而全身障蔽。永徽之后，皆用帷帽，施裙到颈，为浅露。显庆中，诏曰："百家家口，咸厕士流。至于衢路之间，岂可全无障蔽。比来多着帷帽，遂弃羃䍦。曾不

----

[1] 美国旧金山亚洲艺术博物馆藏品资料。

乘车，只坐檐子。过于轻率，深失礼容。自今已后，勿使如此。"神龙之末，羃
䍦始绝。开元初，宫人马上始着胡帽，靓妆露面，士庶咸效之。天宝中，士流之
妻，或衣丈夫服，靴衫鞭帽，内外一贯矣。[1]

仅对照文献所记不同时间段服饰特点，初步推测骑马女俑的制作年代在唐开
元元年至天宝十四年（713—755 年）。然而依据考古发掘资料分析，其年代有所
提前。从实物资料来看，丫髻出现于南北朝。1977 年，陕西汉中崔家营西魏墓
出土一件彩绘丫髻女侍俑，高 32 厘米（图 6-2）[2]。

陈诗宇对唐代实物资料进行了系统梳理与初步研究，他认为这种小丫髻出现
的时间点在公元 7 世纪 70 年代，到了公元 7 世纪 80、90 年代变多，与此同时，
露髻骑马穿圆领的女陶俑也开始变多了。武周末期以后，小丫髻就发展成比较肥
大的样子，例如著名的神龙三墓里的线刻，开元前期更肥大，发髻基础也更蓬松。
"双瓣与单瓣鬟髻一起，成为武周时代最流行的发髻，其形态也逐渐由小变大，
在武周末年发展成为饱满圆润的大髻，也出现了作为替代品的同形义髻，以簪钗、
系带固定。"[3]

时间更早的图像资料，见于 1956 年陕西西安雁塔区羊头镇村西唐高宗总章
元年（668 年）李爽墓。甬道内北壁第二幅壁画一女乐伎头梳丫髻，双手持排箫
作演奏状，高 1.44 米（图 6-3）[4]。1975 年，陕西富平发掘唐咸亨四年（673 年）房

---

[1] （唐）刘肃撰，许德楠、李鼎霞点校：《大唐新语》卷一〇《釐革》，中华书局，1997 年，第 151 页。
    以下源于同一引文，不再一一出注。
[2] 陕西省文物事业管理局编：《陕西陶俑精华》，陕西人民美术出版社，1987 年，图版 37。
[3] 2020 年 9 月 19 日陈诗宇先生告知；扬眉剑舞（陈诗宇）：《武后的盛妆》，《中华遗产》2019 年第 1 期。
[4] 陕西省文物管理委员会：《西安羊头镇唐李爽墓的发掘》，《文物》1959 年第 3 期。

图6-2 国博藏陕西汉中崔家营西魏墓出土彩绘丫髻女俑（左）

图6-3 国博藏唐李爽墓女乐伎壁画（右）

图 6-4　唐房龄大长公主墓托盘执壶侍女图壁画（左）

图 6-5　唐房龄大长公主墓捧瓶侍女图壁画（右）

龄大长公主墓。[1] 该墓前室东壁有一幅托盘执壶侍女图，高 175.5、宽 81 厘米（图 6-4）；前室西壁有一幅捧瓶侍女图，高 177、宽 73 厘米（图 6-5）[2]。两幅壁画中的侍女形象，头梳丫髻，身着翻领长袍，腰束带。

———

[1] 安峥地：《唐房陵大长公主墓清理简报》，《文博》1990 年第 1 期。

[2] 冀东山主编：《神韵与辉煌：陕西历史博物馆国宝鉴赏·唐墓壁画卷》，三秦出版社，2006 年，第 78 页，图 37；第 84 页，图 41。

此外，1998 年，河南洛阳偃师唐代恭陵哀皇后墓出土 4 件彩绘丫髻女俑（图 6-6）[1]。2012 年，在河南洛阳 310 国道与华山北路交叉路口西南角国花宝居小区工地，发掘出唐垂拱三年（687 年）王雄诞夫人魏氏墓，随葬三彩俑、彩绘俑等 223 件。其中，出土丫髻女侍立俑 5 件（图 6-7），丫髻骑马女俑 4 件（图 6-8）[2]。

旧金山亚洲艺术博物馆馆方推测，该馆藏骑马女俑年代大约为 650—700 年。根据田野发掘资料分析，历史文献记载比考古发掘所见到的壁画与陶俑年代略晚，文献有意略去了武周这一阶段的女性服饰特点。依此唐代纪年墓所见壁画与陶俑中的丫髻形象分析，旧金山亚洲艺术博物馆藏唐代骑马女俑丫髻的制作年代，大体可以推断为 660—690 年。

关于这件骑马女俑的出土地点，旧金山亚洲艺术博物馆馆方初步判断为陕西或者河南。我认为需要寻找陕西、河南唐墓出土同类骑马女俑进行比较，才能得出一个较为准确的结论。

1991 年，考古工作者在陕西省西安市东郊灞桥区吕家堡村西北发掘了唐开元十二年（724 年）高祖李渊孙女金乡县主墓，出土 150 余件彩绘陶俑，包括骑马伎乐女俑、骑马出行女俑、骑马狩猎女俑[3]。将旧金山亚洲艺术博物馆的骑马女俑与其进行比较，可知这件陶俑应该是塑造了女子骑马出行的情景。两处所见骑马女俑的装束近似，均未着幂䍦、帷帽（图 6-9）[4]。旧金山亚洲艺术博物馆藏女俑坐骑与唐金乡县主墓出土一件狩猎男俑胯下骏马造型近似（图 6-10）[5]，皆为勾首、剪

[1] 郭洪涛：《唐恭陵哀皇后墓部分出土文物》，《考古与文物》2002 年第 4 期。

[2] 吴业恒、史家珍主编：《唐·王雄诞夫人魏氏墓》，中州古籍出版社，2016 年，第 99—103、159—162 页。

[3] 西安市文物保护考古所：《唐金乡县主墓》，文物出版社，2002 年，第 54—62 页。

[4] 西安市文物保护考古研究院：《西安文物精华·陶俑》，世界图书出版公司，2014 年，第 167 页，图版 220。

[5] 西安市文物保护考古研究院：《西安文物精华·陶俑》，第 180 页，图版 229。

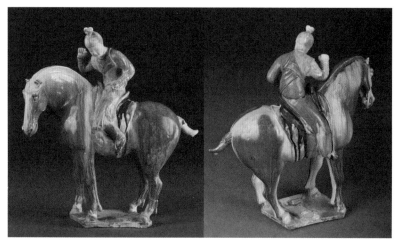

图 6-6 洛阳偃师恭陵唐代哀皇后墓出土彩绘丫髻女侍俑

图 6-7 洛阳唐代王雄诞夫人魏氏墓出土丫髻女侍俑

图 6-8 洛阳唐代王雄诞夫人魏氏墓出土丫髻骑马女俑

6-6	6-7
6-8	

图 6-9　唐代金乡县主墓出土骑马出行女俑（左）

图 6-10　唐代金乡县主墓出土骑马狩猎男俑（中）

图 6-11　洛阳偃师唐代恭陵哀皇后墓出土骑马女俑（右）

鬓，身形健硕，圆臀，短尾，马腿较长，重心略高。四蹄立于底板之上。泥质灰陶，马身通体施以红色彩绘。相比之下，河南洛阳偃师唐恭陵哀皇后墓出土的骑马女俑，立马体形略显肥硕，四肢较短，重心偏低。通体施以黄褐色彩（**图 6-11**）[1]。

　　通过与陕西、河南唐墓出土骑马女俑比较可知，旧金山亚洲艺术博物馆骑马女俑的风格与陕西发掘品相似，说明馆藏品的出土地点应在今陕西地区，而非河南。这件骑马出行女俑的高度为 67.3 厘米，超过了金乡县主墓出土所有骑马陶俑的高度，应出土于关中地区墓主人身份、等级较高的盛唐墓。

---

[1] 洛阳市文物管理局编：《洛阳陶俑》，北京图书馆出版社，2005 年，第 183 页。

骑马女俑服饰所反映的时代风尚

　　唐代骑马女俑的服饰变化，反映了审美观念的转变。通过对唐代不同阶段骑马女俑戴羃䍦、帷帽、胡帽、梳髻等形象资料的梳理，我们可以看到妇女骑马服饰从初唐的封闭性向盛唐开放性的转变过程，这既是社会生活发展变化的真实写照，也是本土文化与外来文化深度融合的珍贵物证。

羃䍦

　　《大唐新语》卷一〇记述唐初武德、贞观之代（618—649 年），"宫人骑马者，依周礼旧仪，多着羃䍦，虽发自戎夷，而全身障蔽"。神龙之末（神龙二年，706 年），"羃䍦始绝"。

　　关于羃䍦的形制，沈从文先生认为："唐人照齐、隋习惯，妇女出门必用纱罩头及身，原名'羃䍦'，也有写作'羃帷'或'羃罗'的，后发展成帷帽。……有如软胎观音兜风帽的，或可叫作'羃䍦'。……唐俑所见，骑马妇女较早着羃䍦，多如本图只笼罩到颈肩间。"[1] 日本东京国立博物馆藏一幅唐代《树下人物图》（图6-12）[2]，描绘的正是一位仕女欲摘去头部黑色羃䍦的情景，羃䍦下部左右两侧各垂下一条黑色长带。

---

[1] 沈从文：《中国古代服饰研究》，上海书店出版社，2003 年，第 303 页。

[2] 陈传席编：《海外珍藏中国名画·晋唐五代至明代》，天津人民美术出版社，2010 年，第 43 页，图15。

图 6-12 《树下人物图》中的幂䍠形象

　　前文提到的唐垂拱三年王雄诞夫人魏氏墓出土的两件头戴幂䍠的三彩骑马女俑，因出土时残损较为严重，未收录于发掘报告《唐·王雄诞夫人魏氏墓》中。2020 年，应洛阳考古博物馆展览的需要，对其进行了修复。一件马无底板，通高 40.5、长 36 厘米（图 6-13）；另一件马有底板，通高 41、长 35 厘米（图 6-14）[1]。女俑额头扎一平行条带，在脑后连接固定，下垂两根条带。

　　1981 年，河南洛阳龙门啤酒厂工地发掘出唐中宗景龙三年（709 年）定远

[1] 吴业恒、史家珍主编：《唐·王雄诞夫人魏氏墓》；2021 年 3 月 2 日，李胜军先生提供了两件骑马女俑的基本信息。

图 6-13　唐王雄诞夫人魏氏墓出土骑马女俑之一

图 6-14　唐王雄诞夫人魏氏墓出土骑马女俑之二

图 6-15　唐安菩墓出土骑马女俑及头部特写（左、中）

图 6-16　周锡保先生认为的冪䍦样式（右）

将军安菩夫妇合葬墓。出土两件头戴冪䍦的三彩骑马女俑，通高 43、长 37 厘米（图 6-15）[1]。通过对比可知，冪䍦与风帽的区别在于冪䍦下部封闭，只露出面部五官（图 6-16）；风帽下部开敞，露出下颏、脖颈。

帷帽

唐高宗永徽元年（650 年）之后，"皆用帷帽，施裙到颈，为浅露"。显庆三

---

[1] 程永建、周立主编：《洛阳龙门唐安菩夫妇墓》，科学出版社，2017 年，第 82—83 页。

图 6-17 唐燕妃墓捧帷帽侍女图壁画

年（658 年）诏曰："……比来多着帷帽，遂弃羃䍦。曾不乘车，只坐檐子。过于轻率，深失礼容。自今已后，勿使如此。"[1]

沈从文先生指出："有属于硬胎笠帽下垂网帘的，应即帷帽。……帷帽则近于在阔边笠子四周，或前后，或两侧施网，下垂颈肩间。有的陶俑只余上部笠子，难于确知垂沿长度，有的却保留相当完整。"[2]1990 年，在陕西礼泉县烟霞乡东坪村清理了唐咸亨二年（671 年）燕妃墓。其中，在后甬道南口外西侧，有一幅捧帷帽侍女图，网帘下垂较长，壁画高 134、宽 75 厘米（图 6-17）[3]。

1972 年，陕西礼泉县昭陵范围内发掘唐显庆二年（657 年）张士贵墓，出土骑马女俑分为三类，包括头梳单刀半翻髻女俑、戴羃䍦女俑、戴帷帽女俑（图 6-18）[4]。唐麟德

[1] （唐）刘肃撰，许德楠、李鼎霞点校：《大唐新语》卷一〇《厘革》，第 151 页。

[2] 沈从文：《中国古代服饰研究》，第 303 页。

[3] 昭陵博物馆编：《昭陵唐墓壁画》，文物出版社，2006 年，第 150 页，图 119。

[4] 陕西省文管会等：《陕西礼泉唐张士贵墓》，《考古》1978 年第 3 期。昭陵博物馆编：《昭陵博物馆陶俑珍品集·张士贵墓》，北京联合出版公司，2016 年，第 56 页，图 6；第 47 页，图 3；第 54 页，图 5。中国国家博物馆编：《中国国家博物馆馆藏文物研究丛书·陶俑卷》，上海古籍出版社，2015 年，第 183 页，图 110。

图 6-18　国博藏唐代张士贵墓出土戴帷帽骑马女俑

元年（664 年）郑仁泰墓出土骑马女俑，亦有上述三类女俑 [1]。同年，新疆吐鲁番
阿斯塔那 187 号唐墓出土戴幂䍦、帷帽骑马女俑各一件（图 6-19）[2]。

---

[1] 陕西省博物馆、礼泉县文教局唐墓发掘组：《唐郑仁泰墓发掘简报》，《文物》1972 年第 7 期。昭陵博
　　物馆编：《昭陵博物馆陶俑珍品集·郑仁泰墓（一）》，北京联合出版公司，2016 年，第 54 页，图 14；
　　第 59 页，图 15。

[2] 新疆维吾尔自治区博物馆编：《古代西域服饰撷萃》，文物出版社，2010 年，第 94、97 页。

图 6-19　1972 年新疆吐鲁番阿斯塔那 187 号唐墓出土戴羃䍦（左）、帷帽（右）骑马女俑

胡帽

《大唐新语》卷一〇谈到，开元初，"宫人马上始着胡帽，靓妆露面，士庶咸效之"。天宝七载（748 年），"士流之妻，或衣丈夫服，靴衫鞭帽，内外一贯矣"。

1984 年，河南洛阳偃师杏园村南发掘唐景龙三年（709 年）李嗣本夫妇合葬墓。出土一件陶质骑马女俑，头戴羃䍠，出土时双臂间有一顶宽檐帷帽，通高 39 厘米（图6-20）。另有一件骑马女俑，头戴翻檐胡帽，身穿翻领窄袖衣，通高 38.5 厘米（图6-21）[1]。两个阶段的服饰形象，出现在同一座墓中，产生了强烈反差。1972 年，在陕西礼泉县昭陵发掘唐开元六年（718 年）李贞墓，出土戴胡帽的三彩骑马女俑，胡帽边缘装饰华美[2]。

梳髻

1956 年，在陕西西安雁塔区羊头镇村西发掘唐高宗总章元年李爽墓。墓中随葬的骑马俑出于墓道两旁小洞内，共 47 件，较完整的 41 件，腿均残断，下有长方形底板。高 38—40 厘米。女骑俑多着绿衣，梳高髻，也有着红衣梳矮髻的。陶马的颜色，一种是在陶胎外涂粉白色，另一种是涂红色，再用墨笔画出辔头等配饰。男俑面涂红色，女俑面涂白色[3]。

2012 年在河南洛阳国花宝居小区工地发掘的唐垂拱三年王雄诞夫人魏氏墓

[1] 中国社会科学院考古研究所：《偃师杏园唐墓》，科学出版社，2001 年，第 40 页，图版 7—3，8—1。

[2] 昭陵文管所：《唐越王李贞墓发掘简报》，《文物》1977 年第 10 期。

[3] 陕西省文物管理委员会：《西安羊头镇唐李爽墓的发掘》，《文物》1959 年第 3 期。

图 6-20　洛阳偃师杏园唐代李嗣本墓出土戴羃䍦彩绘骑马女俑（左）

图 6-21　洛阳偃师杏园唐代李嗣本墓出土戴胡帽彩绘骑马女俑（右）

中，也出土 4 件梳丫髻骑马女俑[1]。

结　语

　　上述资料的列举和对比，加深了我们对旧金山亚洲艺术博物馆藏唐代骑马女俑的认识。其制作年代大致在 660—690 年，出土于陕西关中一带身份、等级较高的唐墓。这件旧金山亚洲艺术博物馆藏骑马女俑正是由小见大、以物论史的典型例证。将其与中国境内发掘出的唐代女俑、壁画等联系起来进行分析，生动、直观地反映了《大唐新语》《旧唐书·舆服志》所载妇女骑马出行装束，从武德、贞观时期的封闭性向开元之际开放性的转变过程，并与当时整个社会生活的发展变化密切相关。从不同时期骑马女俑的服饰对比可以看出，初唐与盛唐之间社会风尚发生了较大变化。初唐的"周礼旧仪"，逐渐受到来自西域文化的冲击，并被新的服饰时尚所取代。

---

[1] 吴业恒、史家珍主编：《唐·王雄诞夫人魏氏墓》，第 159—162 页。

纳世界于掌中

从日本泉屋博古馆藏
中国战国汉唐铜镜谈起

日本泉屋博古馆是一座以收藏、展览、研究中国古代青铜器和明清绘画为主的博物馆。1899—1926 年是该馆收藏青铜器的黄金时期。馆藏中有中国、日本及高丽铜镜 213 面 [1]，2004 年馆藏铜镜图录《泉屋博古·镜鉴编》出版。我们可以泉屋博古馆藏战国、汉唐铜镜作为切入点，一览流失海外的部分中国古代铜镜。

战国动物题材铜镜

双圈蟠螭纹镜

泉屋博古馆藏双圈蟠螭纹镜，圆形，镜钮为虎衔猪形，设计奇特，为战国镜钮中所仅见。圆钮座，环绕一周绚索纹。主体纹饰为变形蟠螭纹，较为抽象。接近镜缘处，饰一周贝纹。平素缘。镜背铺满绿锈。直径 8.8 厘米（图 7-1）[2]。河北邯郸战国墓出土一面双圈蟠螭纹镜，钮座外有一周凸圈带，将镜背分为内、外两区，均饰以涡状蟠螭纹。直径 10.5 厘米 [3]，主体纹饰与泉屋藏品风格近似。镜缘环绕一周贝纹的装饰手法，还见于 1954—1955 年河南洛阳中州路西工段战国

---

[1] ［日］广川守：《泉屋博古馆藏青铜器与绘画》，《海外藏中国古代文物精粹·日本泉屋博古馆卷》，安徽美术出版社，2016 年，第 1 页。

[2] 吕章申主编：《海外藏中国古代文物精粹·日本泉屋博古馆卷》，第 245 页，图版 110。

[3] 河北省文物研究所：《历代铜镜纹饰》，河北美术出版社，1996 年，第 1 页。

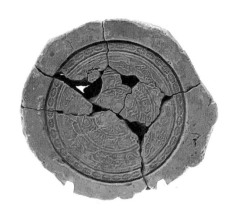

图 7-1　泉屋博古馆藏双圈蟠螭纹镜　　　　　图 7-2　侯马铸铜遗址出土陶镜范

早期墓 M2719 出土羽状纹镜。此镜平素缘。直径 10.8 厘米[1]。1959 年，对山西侯马牛村古城南东周遗址进行发掘，出土大量制作铜器的残陶范[2]。其中，有一件现藏山西博物院的陶镜范，内外区主体纹饰分别为鱼纹、兽纹，镜缘为一周贝纹（图 7-2）[3]。贝纹形状均为椭圆形，中部以一纵三横直线来表现齿。

2003 年，山西侯马白店铸铜作坊遗址 15 号战国早期灰坑中出土一件陶镜模，内、外两区的主体纹饰均为互相衔尾的横向勾连蟠螭纹，以小圆点衬地。直径 14.5 厘米（图 7-3）[4]。这件陶镜模上的蟠螭纹装饰手法，均以双线作框，内填细密

[1] 中国科学院考古研究所：《洛阳中州路（西工段）》，科学出版社，1959 年，第 91、104 页，图版柒肆：16。

[2] 山西省文管会侯马工作站：《1959 年侯马"牛村古城"南东周遗址发掘简报》，《文物》1960 年第 8、9 期。

[3] 据 2021 年 6 月 23 日吴比先生提供资料。

[4] 山西省考古研究所：《侯马白店铸铜遗址》，科学出版社，2012 年，第 127—128 页，图一一三，图版三〇。

图 7-3 侯马白店铸铜作坊遗址 15 号战国早期灰坑出土陶镜模

的斜线纹，与泉屋藏镜主体纹饰的装饰手法是一样的。灰坑中还出土了两件贝纹陶模，与泉屋藏镜缘内一周贝纹形状、雕刻手法基本一致。器物上装饰一周绚索纹，在 15 号灰坑出土的陶车害模、环模也有这种纹饰[1]。双圈式构图应是春秋战国时期三晋地区铜镜盛行的样式。1988 年山西金胜村春秋赵卿墓出土蟠螭纹镜，以及 1965 年山西长治分水岭 126 号战国墓出土内莲花外蟠螭纹镜[2]，构图均为内外圈层式，由此推测，泉屋藏镜的年代下限为战国早期，铸造地点可能在今天的山西侯马一带。

饕餮纹镜

饕餮纹是一种商周时期盛行的兽面纹，战国时期青铜器上难以见到这类纹饰。以饕餮纹作为铜镜主体纹饰，装饰于镜背之上，反映出一种复古的审美倾向。泉屋博古馆藏一件饕餮纹方镜，三弦钮，镜钮上下各有一组饕餮纹。饕餮纹以鼻梁为中心，左右对称，以浅浮雕的形式来表现眉、眼、鼻等部位。额部与鼻梁处，

[1] 山西省考古研究所：《侯马白店铸铜遗址》，图版一〇九：1、2；图版三八：2；图版三九：3。

[2] 边成修：《山西长治分水岭 126 号墓发掘简报》，《文物》1972 年第 4 期。

图 7-4 泉屋博古馆藏饕餮纹方镜   图 7-5 饕餮纹方镜老照片

装饰以细腻的鳞纹。兽面纹间隙，饰以多种羽状纹，并填以细密的直线、弧线及曲线。宽平素缘，缘上局部覆以重锈。边长 14.7 厘米（图7-4）[1]。这是目前所见唯一的饕餮纹方镜，弥足珍贵。20 世纪 20—40 年代，北京青铜器修复师王德山、贾玉波等修复了大量青铜器，并拍摄照片留存资料。其中有一幅饕餮纹方镜照片，经过仔细比对，可知与泉屋博物馆藏品是同一面铜镜（图7-5）[2]。这张老照片成为此镜流失东瀛之前在国内拍摄的仅有的图像资料。1935 年，日本学者曾经在著作中收录此镜，说明在此之前该镜可能已流失到日本 [3]。

    战国时期，铜镜形制大多为圆形，方镜较少。目前所见海外藏传洛阳金村

[1] 吕章申主编：《海外藏中国古代文物精粹·日本泉屋博古馆卷》，第 244 页，图版 109。

[2] 贾文忠、贾树编：《吉金萃影：贾氏珍藏青铜器老照片》，文物出版社，2016 年，第 105 页，图 128。

[3] ［日］梅原末治：《汉以前の古镜の研究》，内外出版印刷株式会社，1935 年，图版四：5。

出土战国方镜，有加拿大皇家安大略博物馆藏嵌石四兽透雕镜、美国纳尔逊 – 阿金斯艺术博物馆藏镜。1988 年，洛阳市西工区第一百货公司工地一座战国墓中出土了一面四凤透雕镜 [1]。

加拿大皇家安大略博物馆藏饕餮镜为圆形，三弦钮，以镜钮左右横线为轴线，上下对称分布两组饕餮纹。每组饕餮纹又以其鼻梁为中心，左右对称。以浅浮雕手法表现出眉、目、鼻、角。用细密的鳞纹，装饰额部与鼻梁。宽平素缘，锈蚀较重，镜钮右侧有后人书写的白色藏品编号。传洛阳金村战国大墓出土。直径约 10.7 厘米 (图 7-6) [2]。柏林国立博物馆藏饕餮镜，该镜钮已残损缺失，镜背有多处裂痕，右下方纹饰无存，大部分纹饰保存完好，清晰可见。宽平素缘，局部多锈。直径 10.4 厘米 (图 7-7) [3]，与加拿大皇家安大略博物馆藏镜相比，在形制、大小、纹饰等方面近似。此镜图片收集于 1934 年到 1936 年间。1945 年，盟军攻占德国柏林。经过战争洗礼，不知此镜实物是否还留存于世。1941 年，在华裔古董商人卢芹斋编纂的文物图录《中国艺术展览》中，142 号饕餮镜，圆形，纹饰清晰，镜背覆有绿、棕及红色锈，直径约 12.1 厘米 (图 7-8) [4]。1978 年，河北邯郸周窑村 1 号战国中期墓出土饕餮镜，亦为圆形，直径 14 厘米 [5]。泉屋与柏林藏品均为传世品，出土时地不详。洛阳金村所见为出土品，邯郸周窑村发现的铜镜为考古发掘品，可知这一类饕餮纹题材的铜镜年代下限应该为战国中期，流行地域为中原北方地区。

[1] 霍宏伟、史家珍主编：《洛镜铜华：洛阳铜镜发现与研究》上册，科学出版社，2013 年，第 76—77 页。

[2] ［日］梅原末治：《增订洛阳金村古墓聚英》，京都小林出版部，昭和十九年（1944 年），图版五八：1。

[3] 陈梦家编纂：《海外中国铜器图录》第一集，中华书局，2017 年，第 84、217 页，图 107。

[4] C.T.Loo, *Exhibition of Chinese Arts*, 1941, p.27.

[5] 河北省文管处等：《河北邯郸赵王陵》，《考古》1982 年第 6 期。

图 7-6　加拿大皇家安大略博物馆藏饕餮镜

图 7-7　德国柏林国立博物馆藏饕餮镜

图 7-8　卢芹斋旧藏饕餮镜与其他铜镜

7-6	7-7
7-8	

图 7-9　泉屋博古馆藏方花镜

方花镜

　　泉屋博古馆藏一面方花镜，亦称四叶镜。圆形，环绕镜钮是一圈小的方花，主体纹饰为一周大的方花纹。地纹为细密的羽状纹。直径 13.9 厘米（图 7-9）[1]。美国纳尔逊 – 阿金斯艺术博物馆收藏一面方花禽兽镜，三弦钮，圆钮座，外饰一周凹面形环带。地纹是以三角雷纹与圆涡纹构成的菱形格纹，并以细密的点纹作为边框。以钮座为中心，四周围绕凹面形环带，形成以钮座为中心的十字形对称空间，如同四个扁叶纹，扁叶纹内各饰一立兽，身形呈 S 形。在四叶外部与镜缘之间，形成四个狭长空间，相间饰以两禽两兽，身形夸张修长，舒展飞扬。直径 24.1 厘米。此镜首次被著录于加拿大怀履光著《洛阳故城古墓考》，是一幅不甚清晰的拓本，日本梅原末治《增订洛阳金村古墓聚英》一书收录的则是一幅清晰的黑白照片[2]。（图 7-10）传为洛阳金村出土，因镜图首见于《洛阳故城古墓考》，梅原末治误认为该镜收藏于加拿大皇家安大略博物馆。据纳尔逊 – 阿金斯艺术博物馆藏品档案可知，该镜于 1933 年经史克曼之手，在中国古董商处购买。史克曼或其他研究员在档案中注明，此镜可能是寿州（安徽寿县）或洛阳金村出土。有学者统计，"20 世纪 30 年代，史克曼为堪萨斯城那座新建博物馆提供的藏品，占到了该馆总藏品的 60%。

————

[1] ［日］泉屋博古馆：《泉屋博古·镜鉴编》，便利堂株式会社，平成十六年（2004 年），第 11 页，图 5。

[2] ［加］怀履光：《洛阳故城古墓考》，图版 123 号；［日］梅原末治：《增订洛阳金村古墓聚英》，图版六四：1。

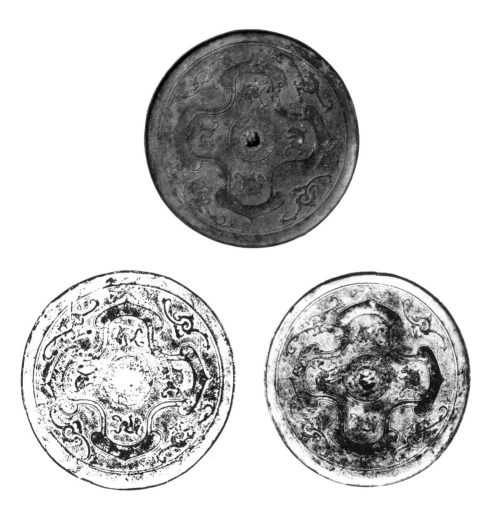

图 7-10　美国纳尔逊－阿金斯艺术博物馆藏方花禽兽镜及拓本

图 7-11　扬州凤凰河工地西汉墓出土战国残方花镜复原拓本

1933 年一年，藏品数达到了 1500 件"[1]。其中，就包括上述方花禽兽镜。

这种方花镜上的十字形构图，在汉墓出土铜镜上仍能见到。20 世纪 50 年代，江苏扬州凤凰河工地西汉木椁墓出土一面与其纹饰相同的铜镜，残略过半，经过修补，直径 23.8 厘米（图 7-11）[2]。1995 年，江苏徐州狮子山西汉楚王陵出土一面方花龙凤鸟纹镜，纹饰较为特殊。2021 年，清华大学艺术博物馆"万物毕照：中国古代铜镜文化与艺术"展览中展出了这面铜镜。2022 年，洛阳博物馆举办"洛镜铜华：洛阳地区出土铜镜展"，也展出一面方花龙凤鸟纹镜，此镜为 2011 年 11 月洛阳平乐至白马寺改线工程孟津段工地出土，直径 22.7、厚 1 厘米 [3]。

[1] ［美］卡尔·梅耶、谢林·布莱尔·布里萨克著，张建新、张紫微译：《谁在收藏中国：美国猎获亚洲艺术珍宝百年记》，中信出版社，2016 年，第 333 页。

[2] 蒋缵初：《扬州地区出土的铜镜》，《文物参考资料》1957 年第 8 期。

[3] 据 2022 年 2 月 22 日洛阳博物馆黄超先生提供铜镜出土信息。

东汉画像镜

神人龙虎镜

　　泉屋博古馆所见 4 面画像镜，分别为神人龙虎镜、仙人捣药镜、神人车马镜、仙人禽兽画像镜。神人龙虎镜分别以东王公与西王母、龙与虎四组形象隔钮相对。此镜的独特之处在于，东王公与一位踞坐者之间有两字铭文"仙人"（图 7-12）[1]。东王公的身份是明确的，榜题"仙人"点明了踞坐者的身份。这一类坐姿的侧面形象在东汉画像镜上大量出现于东王公、西王母两侧，两字铭文是其身份的重要标识。

　　"仙人"一词，最早见于《史记·封禅书》："自威、宣、燕昭使人入海求蓬莱、方丈、瀛洲。此三神山者，其傅在勃海中，去人不远。……诸仙人及不死之药皆在焉。"[2]《释名·释长幼》："老而不死曰仙；仙，迁也，迁入山也，故其制字人傍作山也。"[3] 可知古人心目中的仙人，就是老而不死、迁居山林之人。另外，泉屋藏一面仙人捣药镜图像较为少见。有两组仙人捣药形象，青龙与白虎分别隔钮

---

[1]　吕章申主编：《海外藏中国古代文物精粹·日本泉屋博古馆卷》，第 250 页，图版 115。

[2]　《史记》卷二八《封禅书》，第 1369—1370 页。

[3]　（东汉）刘熙撰，（清）毕沅疏证，王先谦补，祝敏彻等点校：《释名疏证补》卷三《释长幼》，中华书局，2008 年，第 96 页。

图 7-12　泉屋博古馆藏神人龙虎镜　　　　　图 7-13　泉屋博古馆藏东汉仙人捣药画像镜

相对，龙、虎背上均有仙人骑乘（图 7-13）[1]。

神人车马画像镜

　　泉屋藏一面神人车马画像镜，上面的图像均为两两相对，东王公与西王母隔钮相对，一辆三马驾车，车型为辑车，与翼虎隔钮相对。分析这些图像的内在关联，东王公与车马构成一组；留着八字胡的东王公端坐中央，两侧有羽人侍奉；前有三马驾车，表现东王公西行的场景；车马图像前邻西王母像，西王母与翼虎一组，虎身向前，虎首却引颈回顾，与西王母形成呼应，两者都代表着西方。直径 19.5 厘米（图 7-14）[2]。从图像的精细程度来看，翼虎臀部及后肢纹饰较为粗糙、模糊，这是铜镜的残缺部分，后人进行了修补。

———

[1]　[日]泉屋博古馆：《泉屋博古·镜鉴编》，第 38 页，图 60。

[2]　[日]泉屋博古馆：《泉屋博古·镜鉴编》，第 37 页，图 58。

图 7-14　泉屋博古馆藏东汉神人车马画像镜　　　　图 7-15　日本东京帝室博物馆藏东汉神人车马画像镜

　　日本收藏了中国东汉时期大量的神人车马画像镜。1939 年，日本学者梅原末治编著的《绍兴古镜聚英》出版。书中收录神人车马画像镜 18 面，分别来自日本东京帝室博物馆（图 7-15）、小仓武之助、京都守屋孝藏、川合定治郎，大阪浅野楳吉，兵库黑川幸七，美国纽约山中商会支店。[1] 日本现藏的东汉画像镜，主要来自浙江绍兴一带。1936 年 5—6 月，浙江绍兴一带修建军用道路、工事，偶然挖出众多古墓，出土一些铜镜。在绍兴四家乡附近发现东汉画像镜，出土总数超过 300 面，许多流失日本 [2]。1958 年，王士伦先生指出，几十年来，绍兴所出土的铜镜曾经引起了国际学术界的注意。可以说，在绍兴几乎每一个乡村里，都有精致的古镜出土，但由于过去盗墓风气猖獗，大批古镜被盗掘出来流散了，使古镜的研究失去了原始资料。[3]

---

[1]［日］梅原末治编：《绍兴古镜聚英》，京都桑名文星堂，1939 年，图六至图二三。

[2]［日］梅原末治编：《绍兴古镜聚英》，第 1 页。

[3] 王士伦：《浙江出土铜镜选集》，人民美术出版社，1958 年，第 13 页。

图 7-16《吉金萃影》著录的东汉神人车马画像镜

更加典型的神人车马画像镜的基本模式，一是以四枚乳丁分为四区，布置四组图像；二是四组图像，一般为东王公＋西王母＋两组车马的组合形式。大英博物馆藏一面画像镜，为三匹马拉车形象；民国时期的老照片中有一面神人车马镜，饰以两组四匹马拉车形象（图 7-16）[1]。两组车马图像，可以看到资料的有三马、四马、五马、六马驾车，紧随其后的是东王公或者西王母图像。

《后汉书·舆服志》："所御驾六，余皆驾四，后从为副车。"[2] 据记载可知，汉代车马制度规定，皇帝的车是驾六匹马，其他是驾四马，表明马匹的数量不同，则身份等级不同。依照画像镜上的图像分析，镜上因空间局促狭小，不易布置太多马匹，故有减省。镜上马匹的数量与等级无关，均为东王公、西王母所用车马。无论是三马、四马，还是五马、六马驾车，马匹的数量虽有变化，但车型不变，一般为辀车，车盖为鳖甲形盖，车身三面封闭，前面开敞，有的左右两面设窗。[3] 据学者研究，车马画像镜的流行始于东汉早中期，盛于中晚期。神人画像镜中表现的西王母故事，是把《山海经》《神异经》《穆天子传》《汉武帝内传》等几种神话故事的相关情节糅合在一起，经过

[1] 贾文忠、贾树编：《吉金萃影：贾氏珍藏青铜器老照片》，第 106 页，图 131。

[2]《后汉书·舆服志》，《后汉书·志》卷二九上，中华书局，1973 年，第 3646 页。

[3] 孙机：《汉代物质文化资料图说》增订本，上海古籍出版社，2008 年，第 116 页。

取舍，结合民间传说进行创作的。[1]

值得一提的是，1955 年，河南洛阳老城北郊岳家村 30 号唐墓出土一面神人车马画像镜，另有波斯萨珊银币 16 枚，以往学者普遍认为该铜镜年代为东汉。[2] 图像的构图与东汉车马画像镜相似，唯车马形象、配置与东汉镜迥异，为一马拉车，车型为轺车，而非辎车。东王公、西王母及侍者形象稚拙，头大身短，与汉镜中的相关形象有明显差异。其铭文更是独特，在东汉车马

图 7-17　洛阳岳家村 30 号唐墓出土神人车马画像镜

画像镜上未见："蔡氏作竟（镜）佳且好，明而（如）月世少有。刻治今（禽）守（兽）悉皆在，令人富贵宜孙子，寿而（如）金石不知老兮，乐无亟（极）。"直径 19.2 厘米（图 7-17）。此镜虽为考古发掘品，却出土于唐墓之中，晚期墓可以随葬早期器物，故铜镜本身的制作年代难以确定。1987 年，浙江嵊州一座三国孙吴墓出土一面神人车马画像镜，其题材、构图与洛阳唐墓出土铜镜近似，铭文内容仅缺少"寿而（如）金石不知老兮，乐无亟（极）"，余皆相同。[3] 其年代下限应是在三国时期，由此推断，洛阳所出神人车马画像镜

[1] 王士伦、王牧：《浙江出土铜镜》修订本，文物出版社，2006 年，第 23—24 页。

[2] 赵国璧：《洛阳发现的波斯萨珊王朝银币》，《文物》1960 年第 8、9 期；洛阳博物馆：《洛阳出土铜镜》，文物出版社，1988 年，图版 57；朱亮：《洛阳 30 号墓出土的三角缘画像镜》，《华夏考古》1994 年第 3 期。

[3] 王士伦、王牧：《浙江出土铜镜》修订本，彩版 18，彩版说明第 217 页。

的年代有可能晚至三国。

纳尔逊－阿金斯艺术博物馆藏的神人奔马画像镜，与上述同类题材的汉镜画面略有不同，构图仍以四枚乳丁纹将内区纹饰分隔为四组画面。其中一组为西王母及其侍女，西王母居中而立，身后有"西王母"三字铭文，其左、右两侧下方各有一位侍女，上方各有一位站立的羽人。与这组画面隔镜钮相对的，应是东王公及其侍女、羽人，东王公侧身而立，身体前后各有一位侍女，头部左右各有一位羽人，

图7-18 纳尔逊－阿金斯艺术博物馆藏东汉神人奔马画像镜

侧身踞坐，一手托举，一手下按，托举的那只手臂下带有羽毛。还有两组隔钮相对的画面，一组为两排奔马，前面一排为五马奔腾，后面一排为七马前奔。另一组亦为两排奔马，前面一排八马奔驰，后面一排为五马前奔，有三人骑在马上，这种只见马、未见车的表现形式在东汉车马画像镜上较少看到。在四组画像外侧有一周铭文，即"周氏作竟（镜）四夷服，多贺国家人民息，胡虏殄灭天下复，风雨时节五谷熟，长保二亲得天力，传告后世泉无畺（疆）兮"。铭文带外侧分别为栉齿纹、变形卷云纹各一周（图7-18）。此镜铭文内容与2004年浙江余杭星桥镇蜡烛庵东汉砖椁墓出土人物画像镜铭文基本相同 [1]。

---

[1] 美国纳尔逊－阿金斯艺术博物馆藏资料；王士伦、王牧：《浙江出土铜镜》修订本，彩版18，彩版说明第217页。

图 7-19　泉屋博古馆藏东汉仙人禽兽画像镜　　　　图 7-20　《吉金萃影》著录的东汉仙人禽兽画像镜

仙人禽兽画像镜

　　与上述三面泉屋藏带有四枚乳丁的铜镜相比，该馆收藏的一面仙人禽兽画像镜则是以五枚乳丁分区，其间分别饰以羽人、白虎、朱雀、天鹿、青龙。在羽人面前，还有自下而上的两字铭文"袁氏"。其外环绕一周铭文："袁氏乍（作）竟（镜）真大巧，青龙在左，白虎居右，上有山（仙）人不知老，渴饮玉泉饥食枣，千秋万年主。"直径 15.9 厘米（图 7-19）。[1] 需要注意的是，在贾玉波先生收藏的一批 20 世纪 20—40 年代修复的青铜器老照片中，就有一幅仙人禽兽画像镜图片（图

---

[1]　吕章申主编：《海外藏中国古代文物精粹·日本泉屋博古馆卷》，第 251 页，图版 116。

7-20）[1]，与泉屋藏品特点完全相符，可能是此镜流失日本之前在国内拍摄的照片。

伍子胥画像镜

除了诸多神人神兽题材的画像镜之外，还有一类历史题材的画像镜，具有较强的故事性，如大英博物馆藏伍子胥画像镜。此镜于 1968 年入藏，为沃尔特·赛奇威克夫人（Mrs. Walter Sedgwick）捐赠。镜面平整，黝黑，中部较为光洁，边缘密布圆形小凹坑，器表起层脱落。镜背为浮雕纹饰，呈银灰色。在圆形钮座之外，有四枚环绕连珠纹的乳丁将镜背画像分为四组，依顺时针方向排列。第一组为越王与范蠡，两人相对，均戴冠，身着交领宽袖袍服。右侧一人立姿，左手持节，右手略抬起，面部左前方榜题"越王"。左侧一人跪姿，面向立者，右手抬起，持一物，身体左下方榜题"范蠡"；第二组为越王二女，两位女子与宝物，女子并立，头戴冠，着交领宽袖袍服，身旁放置宝物，右侧榜题"越王二女"；第三组为吴王，一人席地坐于围屏之中，头戴冠，身着交领宽袖袍服，围屏左上角竖行阳文榜题"吴王"两字；第四组为忠臣伍子胥，一人圆眼大睁，怒目而立，右手持长剑置于胸前，左侧有榜题"忠臣伍子胥"。四组画像之外，为一周铭文带："驺氏作镜四夷服，多贺国家人民息。胡虏殄灭天下复，风雨时节五谷熟。长保二亲得天力，传告后世乐无亟（极）。"铭文带的外侧，自内向外分别为栉齿纹、锯齿纹、双线波折纹、锯齿纹各一周。直径 21.1 厘米（图 7-21）。[2]20 世纪 50 年代，在江苏扬州凤凰河工地出土一面伍子胥画像镜。其纹饰布局、人物造型及铭文内

[1] 贾文忠、贾树编：《吉金萃影：贾氏珍藏青铜器老照片》，第 169 页，图 202。

[2] 王春法主编：《海外藏中国古代文物精粹·英国大英博物馆卷》，第 358—359 页。

图 7-21　大英博物馆藏东汉伍子胥画像镜　　　图 7-22　传绍兴漓渚出土东汉伍子胥画像镜拓本

容与大英藏镜相似，可以作为旁证材料。[1]

　　《史记·东越列传》："闽越王无诸及越东海王摇者，其先皆越王句（勾）践之后也，姓驺氏。"根据文献所载与镜背铭文推测，这一类伍子胥画像镜可能为越王勾践的后人所铸。[2] 此类画像镜主要见于浙江绍兴一带。民国时期，绍兴县漓渚出土一面同类题材的画像镜，1949 年前散失，仅存一件铜镜拓本（图 7-22），被学者收录于铜镜图录中。[3] 我曾将旧拓与大英博物馆藏的这面画像镜进行比较，无论是形制、纹饰、题材内容与构图，还是镜背裂痕、残损程度及大小尺寸，两者均同，故判定为同一面铜镜，由此可知这面不知下落的画像镜，竟然收藏于大英博物馆。[4]

[1]　蒋缵初：《扬州地区出土的铜镜》，《文物参考资料》1957 年第 8 期。

[2]　《史记》卷一一四《东越列传》，第 2979 页；据张宏林先生观点。

[3]　王士伦：《浙江出土铜镜选集》，图 10，分图说明第 2 页。

[4]　王春法主编：《海外藏中国古代文物精粹·英国大英博物馆卷》，第 358—359 页。

王士伦先生指出，浙江一带至今还保存了不少纪念伍子胥的庙宇，《湖山便览》《浙江通志》等史书中有诸多记载，说明伍子胥受到浙江一带古代人特别的追念。汉代采用这样的题材是很自然的。因此，伍子胥画像镜的镜背纹饰不仅说明了就近取材，而且成为解决画像镜产地问题的有力旁证。[1]1997年，在苏州虎丘黑松林发掘出三国孙吴时期墓葬，出土一件石屏风画（图7-23）。有学者认为，绘画题材与伍子胥有关，主要依据了上海博物馆藏东汉伍子胥画像镜。[2]

在大英博物馆藏伍子胥画像镜镜背的纹饰中，还涉及一种器物形象的定名问题。在第二组"越王二女"图像的右上方，有两件平面呈长方形、两端分别有两短杆、底部有四足的器物形象（图7-24）。有学者认为，这是放置数柄宝剑的架子，名为"兰锜"，或是兰锜中的"兵兰"。[3]我仔细分析相关图像，对此类器物形象有了另外一种解读——此物应为"梮"。孙机先生提出，梮的外形与舆相似，不抬人而抬物。综合文献记载分析，此器用于抬土，亦用于抬食物。[4]大英博物馆藏伍子胥画像镜背第二组图像中，出现梮的形象，主要是作为搬运壶、宠物等的运输工具来使用的。

《越绝书·内经九术》云：

越乃饰美女西施、郑旦，使大夫种之于吴王曰："昔者越王勾践，窃有天下之遗西施、郑旦。赵邦涝下贫穷不敢当，使下臣种再拜献之大王。"吴王大悦。

---

[1] 王士伦：《绍兴的古代铜镜》，《考古通讯》1955年第6期。

[2] 程义：《苏州黑松林出土孙吴石屏风画臆释》，《黄河·黄土·黄种人》2021年第8期。

[3] 张宏林：《以史为鉴的伍子胥画像镜》，《收藏家》2011年第3期。

[4] 孙机：《汉代物质文化资料图说》增订本，第139页。此图源于《沂南古画像石墓发掘报告》，图版48。

图 7-23　苏州虎丘黑松林出土伍子胥画像石屏风拓本

图 7-24　大英藏东汉伍子胥画像镜局部

申胥谏曰："不可，王勿受……胥闻贤士邦之宝也，美女邦之咎也。夏亡于末喜，殷亡于妲己，周亡于褒姒。"吴王不听，遂受其女，以申胥为不忠而杀之。[1]

这一文献记载是伍子胥画像镜所依据的文本来源。镜背有四组图像，第一组为越王与范蠡，第二组为越王二女，第三组为吴王，第四组为忠臣伍子胥，将上述抽象文字记述的内容以具象形式表现出来，从而形成了有着连续式构图特点的叙事性图像。综观我国各种类型的东汉画像镜，可以看出伍子胥画像镜是最具叙事性绘画特点的铜镜，通过视觉形象的重塑，营造出时间感与故事情节，此镜有着极高的历史与艺术价值。

唐代人物镜与特种工艺镜

从铜镜题材来看，海外藏唐代特种工艺镜几乎均为花鸟纹饰，人物形象罕见，在一般工艺镜上却有着较为丰富的人物形象，描绘了仙人、高士悠然自得的生活状态。

人物镜

泉屋博古馆收藏有一面吹笙引凤镜，八出葵花形，圆钮。镜钮左侧王子乔端

---

[1]（晋）袁康撰，吴平辑录：《越绝书》卷一二《内经九术》，上海古籍出版社，1985年，第84页。

坐，戴高冠，着长服，腰束带，脚着履。双手捧笙，正在吹奏。钮右侧一只鸾凤闻声而至，低首沉颈，凌空飞落。双翼展开，长尾扬起，双腿后伸。钮上方有修竹、竹笋各两棵，高低错落，竹叶婆娑，构成一丛竹林。钮下三峰并立，层峦叠嶂，山脚下点缀花草，形成一处自然天成的山林景致。镜背构图大致呈十字形对称，左人右鸾，上竹下峰。纹饰为浅浮雕，人物服饰、衣纹、鸾鸟飞翔的姿势、羽翼的质感，修竹、山峰的自然之美，皆

图 7-25　泉屋博古馆藏唐代吹笙引凤镜

精心塑造，雕饰细致。有凤来仪的动态，与王子乔安详端坐的静态形成呼应，一动一静，取得了视觉上的平衡。镜体大部分呈银灰色，局部锈蚀。直径 13.2 厘米（图 7-25）[1]。

　　同样是反映王子乔题材的铜镜，还有 1964 年河南洛阳机瓦厂出土的吹笙引凤镜[2]，以及 1971 年陕西西安市东郊韩森寨出土的吹笙引凤镜[3]。两者构图、纹饰、大小完全相同。王子乔为中国古代传说中的人物，亦称"王乔""王子晋"。《列仙传·王子乔传》云：

[1]　［日］泉屋博古馆：《泉屋博古·镜鉴编》，第 80 页，图 148。

[2]　霍宏伟、史家珍主编：《洛镜铜华：洛阳铜镜发现与研究》，第 260 页，图版 229；洛阳博物馆编：《洛阳出土铜镜》，图版 90。

[3]　陕西历史博物馆编：《千秋金鉴：陕西历史博物馆藏铜镜集成》，三秦出版社，2012 年，第 443 页。

图 7-26 洛阳偃师缑山唐代升仙太子石碑

王子乔者，周灵王太子晋也。好吹笙作凤凰鸣，游伊洛间，道士浮丘公接以上嵩高山。三十余年后，求之于山上，见桓良，曰："告我家，七月七日，待我于缑氏山头。"至时，果乘白鹤驻山头。望之不得到，举手谢时人，数日而去。[1]

铜镜上所表现的，正是王子乔坐于山林之间吹笙引凤的精彩时刻。唐人对于王子乔的崇拜，还体现在圣历二年（699 年）女皇武则天拜谒缑山王子乔庙，亲撰升仙太子碑文，并立碑于此。现今庙已无存，唐碑却依然矗立于原址，即今河南洛阳偃师府店村南缑山上，通高八米（**图 7-26**）[2]。唐代诗人宋之问曾赋诗一首，题为《王子乔》："王子乔，爱神仙，七月七日上宾天。白虎摇瑟凤吹笙，乘骑云气吸日精。吸日精，长不归，遗庙今在而人非。空望山头草，草露湿人衣。"[3]

[1] 王叔岷撰：《列仙传校笺》卷上"王子乔"条，中华书局，2007 年，第 65 页。
[2] 洛阳市地方史志编纂委员会编：《洛阳市志》第 14 卷《文物志》，第 205—206 页；偃师县志编纂委员会编：《偃师县志》，生活·读书·新知三联书店，1992 年，第 697—698 页。
[3] 中华书局编辑部点校：《全唐诗》卷五一《宋之问一》，第 628 页。

图 7-27　日本千石唯司旧藏唐代高逸图镜　　图 7-28　内蒙古通辽市吐尔基山辽墓出土鎏金银壶上的四
皓先生图

　　日本千石唯司旧藏高逸图镜（图 7-27），则是以剔地平雕加阴线刻的手法来表现古代隐逸高士的形象及其生活场景。[1] 圆形镜钮周围绕以十二瓣莲花纹，钮上方两只仙鹤展翅高飞，下方四人围坐方形棋盘，左右两人相对博弈，棋盘后两人并坐观战，是"南山四皓"的图像 [2]。有一例旁证材料非常具有说服力，2003 年内蒙古通辽市科尔沁左翼后旗吐尔基山辽墓出土鎏金银壶腹部开光中的一幅人物故事图，画面中部上方榜题"四浩（皓）先生"（图 7-28）[3]，画面也是四人坐于棋盘周围弈棋的场景。

[1] 王纲怀、孙克让：《唐代铜镜与唐诗》修订本，上海古籍出版社，2008 年，第 202—203 页；高逸图镜，陈佩芬先生曾经做过考证，详见陈佩芬：《上海博物馆藏青铜镜》，图版 95，考证第 57 页。

[2] "南山四皓"，旧称"商山四皓"，据沈从文先生的考证，应称为"南山四皓"，参见沈从文：《"商山四皓"和"悠然见南山"》，《沈从文全集》，北岳文艺出版社，2002 年，30 卷，第 327—328 页。

[3] 扬之水：《奢华之色：宋元明金银器研究》卷三《宋元明金银器皿》，中华书局，2016 年，第 272—273 页。

关于"南山四皓"，史籍有载。《史记·留侯世家》："及燕，置酒，太子侍。四人从太子，年皆八十有余，须眉皓白，衣冠甚伟。上怪之，问曰：'彼何为者？'四人前对，各言名姓，曰东园公，甪里先生，绮里季，夏黄公。"《汉书·王吉传序》："汉兴有园公、绮里季、夏黄公、甪里先生，此四人者，当秦之世，避而入商雒深山，以待天下之定也。自高祖闻而召之，不至。其后吕后用留侯计，使皇太子卑辞束帛致礼，安车迎而致之。四人既至，从太子见，高祖客而敬焉，太子得以为重，遂用自安。"[1] 镜背中的围棋盘形象较为写实，与其可以相互参照的是1959年河南安阳隋代张盛墓中出土了一件白釉瓷质围棋盘[2]。

镜钮左侧为黄帝问道图，左下方有一位老者独坐山洞前，右侧两人与老者相对而立，前者头戴冕旒冠，右手伸出两指，后者手举华盖，可知两人的身份分别为黄帝与侍者。《世本》云："黄帝作旃。黄帝作冕旒。"[3] "黄帝问道"的典故，最早出自《庄子·在宥》："黄帝立为天子十九年，令行天下，闻广成子在于空同之山，故往见之。曰：'我闻吾子达于至道，敢问至道之精。'"[4] 后有《神仙传·广成子》引述："广成子者，古之仙人也。居崆峒山石室之中，黄帝闻而造焉。"[5]

镜钮右侧上、下各有一人物形象，上面的人身侧卧有一牛，下面的人坐于溪旁，右手抬起，贴于脸庞，这是"巢父饮牛""许由洗耳"故事的真实写照。

———

[1]《史记》卷五五《留侯世家》，中华书局，1975年，第2046—2047页；《汉书》卷七二《王吉传序》，中华书局，1990年，第3056页。

[2] 考古研究所安阳发掘队：《安阳隋张盛墓发掘记》，《考古》1959年第10期。

[3] 清代张澍稡集补注本，第12页。收入（汉）宋衷注，（清）秦嘉谟等辑：《世本八种》，中华书局，2008年。

[4] 陈鼓应注译：《庄子今注今译》，中华书局，1983年，第278页。

[5]（晋）葛洪撰，胡守为校释：《神仙传校释》卷一《广成子》，中华书局，2010年，第1页。

图 7-29　长沙桃花岭中南工大 1 号晚唐墓"巢父饮牛""许由洗耳"镜拓本

1987 年，湖南长沙桃花岭中南工大 1 号晚唐墓出土一面亚字形人物铭文镜[1]。镜钮左侧有一人牵牛，榜题"巢父饮牛"，钮右侧一人蹲地，一手前伸向水，另一手扬起，榜题"许由洗耳"（图7-29），可以作为阐释上述画面的有力证据。晋皇甫谧《高士传·巢父》：

> 巢父者，尧时隐人也，山居不营世利，年老，以树为巢而寝其上，故时人号曰巢父。尧之让许由也，由以告巢父。巢父曰："汝何不隐汝形，藏汝光，若非吾友也。"击其膺而下之，由怅然不自得。乃过清泠之水洗其耳，拭其目，曰："向闻贪言，负吾之友矣。"遂去，终身不相见。[2]

———

[1] 长沙市博物馆：《楚风汉韵：长沙市博物馆藏镜》，文物出版社，2010 年，第 192—193 页，图版 146。

[2]（晋）皇甫谧：《高士传》卷上《巢父》，《丛书集成初编》，商务印书馆，1935 年，第 11—12 页。

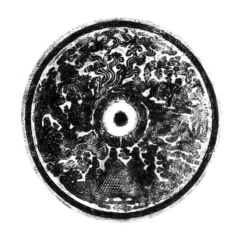

图 7-30 三门峡市区 2045 号唐墓高逸图镜拓本　　　图 7-31 日本法隆寺藏高士镜

　　1958 年，河南三门峡市区 2045 号唐墓出土一面高逸图镜，直径 16.4 厘米，这是此类题材目前所见唯一的考古发掘品，现藏中国国家博物馆（图 7-30）[1]。上海博物馆收藏了一面传世品，品相较好，纹饰清晰 [2]。

　　日本法隆寺藏有一面高士镜，保存状况欠佳，裂为六块，镜背形象均为浅浮雕 [3]（图 7-31）。镜钮上方是一座攒尖顶亭式建筑形象，上面有仙山与六朵祥云。山亭两侧，各有一对小鸟比翼齐飞。圆钮下方是两位隐士临池对坐于鹿皮之上，一位高士置古琴于膝上，悠然抚琴；另一位隐者面前摆放酒具，欲畅然饮酒。镜钮两侧，各有一丛枝叶繁茂的竹林。镜缘一周环绕楷书阳铭："独有幽栖地，山亭随女萝。涧清长低筱，池开半卷荷。野花朝暝落，盘根岁月多。停杯无尝慰，

[1] 王春法主编：《镜里千秋：中国古代铜镜文化》，北京时代华文书局，2021 年，第 153 页。

[2] 上海博物馆编：《练形神冶　莹质良工：上海博物馆藏铜镜精品》，上海书画出版社，2005 年，第 274 页，图 99。

[3] 王纲怀、孙克让：《唐代铜镜与唐诗》修订本，第 176—177 页。

峡鸟自经过。"这一镜铭还被冠以《唐伯牙弹琴镜铭》标题，收入《全唐诗续拾》卷五六[1]。诗中吟诵的山亭、水池、野花、停杯、峡鸟等诸多有关景物的描写用词，在此镜背上以直观、生动的形象呈现在读者面前，可谓诗中有画，诗画合一。

特种工艺镜

海外博物馆藏唐代特种工艺镜，主要有鎏金银背镜、螺钿镜、金银平脱镜三类，以日本正仓院收藏数量最多，质量最高[2]。泉屋博古馆有两面唐代鎏金银背镜。一是鎏金银背鸟兽镜，八瓣菱花形，钮上饰以四瓣花卉纹。银背通体鎏金，色泽暗淡，鱼子纹地。主体纹饰是以四枝缠枝纹将内区分为四个部分，饰以双鸾双兽。外区八瓣内饰以花叶。最大径为25.5厘米（图7-32）[3]，是目前所见最大的唐代菱花形银背鸟兽镜。其创作灵感应来自作为一般工艺镜的鸟兽菱花镜，鸟兽的布局、姿态均同。1984—1993年，河南洛阳偃师杏园唐开元十七年（729

图 7-32 泉屋博古馆藏鎏金银背鸟兽镜

[1] 中华书局编辑部点校：《全唐诗》，第 15 册，第 11809—11810 页。

[2] 霍宏伟：《鉴若长河》，生活·读书·新知三联书店，2017 年，第 95—121 页。

[3] 吕章申主编：《海外藏中国古代文物精粹·日本泉屋博古馆卷》，第 259 页，图版 124。

图 7-33　泉屋博古馆藏鎏金银背双鸾镜　　图 7-34　大英博物馆中国馆展出唐代银背鸟兽镜与金背镜

年）袁氏墓出土的鸾鸟瑞兽菱花镜[1]，其主体纹饰构图和造型与泉屋藏镜均有相似之处。

　　泉屋另有一面鎏金银背双鸾镜，形制为八出葵花形，钮上亦饰花卉纹，装饰手法与鎏金银背鸟兽镜相同。内区主纹为两只鸾凤隔钮相向而立，曲颈展翅，尾部上扬。镜钮上下，各饰仙山、花草。外区饰以天马、麒麟、天鹿。最大径为24.5厘米（图 7-33）[2]。镜背动植物构图、造型，应借鉴了同一题材一般工艺镜的诸多技法。

　　欧美地区博物馆收藏的银背铜镜形制较小。大英博物馆藏银背鸟兽直径仅5.7厘米（图 7-34），1936年入藏，购自乔治·尤摩弗普洛斯[3]。六瓣菱花形，伏兽钮。围绕镜钮，饰以走兽与小鸟各两只，空白处填以花叶枝蔓，以细密的鱼子纹

[1] 中国社会科学院考古研究所：《偃师杏园唐墓》，第 71—72 页，彩版 10∶1。

[2] 吕章申主编：《海外藏中国古代文物精粹·日本泉屋博古馆卷》，第 260 页，图版 125。

[3] 王春法主编：《海外藏中国古代文物精粹·英国大英博物馆卷》，第 364 页。

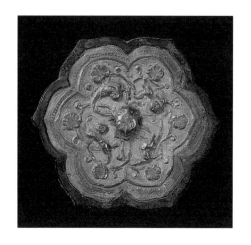

图 7-35 洛阳偃师杏园唐代宋祯墓银背鸾鸟瑞兽镜

为地。接近镜缘处，有凸棱及连珠纹各一周。宽平素缘隆起。可以参考的考古发掘资料有河南偃师杏园唐代神龙二年（706 年）宋祯墓出土银背鸾鸟瑞兽镜（图7-35），开元二十六年（738 年）李景由墓所见鎏金银背鸾鸟瑞兽镜，说明此类银背镜主要流行于盛唐至中唐时期。[1]

　　大英博物馆于 1933 年入藏的螺钿双凤镜，是目前所见直径最大的唐代螺钿镜，直径达 29.2 厘米（图7-36）。[2] 整个镜背粘贴银白色螺钿制作的各类纹饰，黑漆底。圆形，圆钮，圆钮座。围绕钮座对称布置双凤，凤首位于钮座下方，细目尖喙，曲颈展翅，凤尾上翘至钮座上方。双凤头顶承托一枚同心结，结梢呈花蕾形。双凤之间，有一椭圆形花饰。接近镜缘处，有内向连弧纹、弦纹各一周。仔细观察镜背螺钿纹饰，有的纹饰无法对接，有可能是螺钿片脱落之后重新补粘的，

[1] 中国社会科学院考古研究所：《偃师杏园唐墓》，彩版 8：1，图版 34：3。

[2] 王春法主编：《海外藏中国古代文物精粹·英国大英博物馆卷》，第 366—367 页，图版 158。

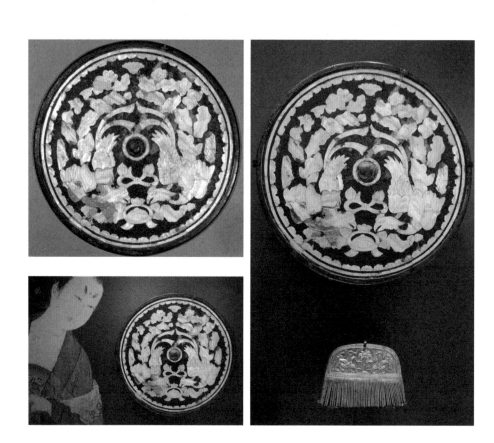

图 7-36 大英博物馆藏唐代螺钿双凤镜及其在中国馆与金梳背的陈列

图 7-37　大英博物馆中国馆展出唐代螺钿花鸟镜

所以有拼凑之感。另有一面 1936 年入藏的螺钿花鸟镜，直径 9.2 厘米（**图 7-37**）[1]。整个镜背粘贴银白色螺钿制作的花鸟纹。八出葵花形，钮座两侧各饰一只相对振翅飞翔的小鸟，用阴线刻出鸟眼、翼翅。镜背空白处填满花叶形蚌片，其中钮座上部中央、下部四片相连的叶子中间各镶嵌一块红色琥珀。该镜空白处有可能镶嵌细碎的绿松石颗粒，但经过后人的加工、修复、清理，未见一粒绿松石露出铜胎。螺钿纹饰面目较新，失去了此镜原有出土时的沧桑韵味。这种用蚌片加阴线刻、装饰宝石的做法，在河南偃师杏园唐代大历十年（775 年）王婍墓出土的螺钿花鸟镜上也能看到。[2]

　　唐代特种工艺镜形制一般为圆形、菱花形、葵花形，而英国国立维多利亚与艾伯特博物馆藏银平脱宝相花镜形制近方，边长 10.9—11.1 厘米（**图 7-38**），极为

[1] 王春法主编：《海外藏中国古代文物精粹·英国大英博物馆卷》，第 365 页，图版 157。

[2] 徐殿魁：《唐镜分期的考古学探讨》，《考古学报》1994 年第 3 期，图版贰：5。

图 7-38 英国维多利亚与艾伯特博物馆藏银平脱方镜　　图 7-39　泉屋博古馆藏唐代宝相花镜

罕见。伏兽钮，钮外饰以内、外两层宝相花纹。内层为六出宝相花纹，结构细密，保存状况良好；外层宝相花纹残损较甚，部分纹饰银片起翘、上翻；另有部分银片已失，露出灰色镜体，局部隐现天蓝色锈，镜缘多覆以绿锈。与其纹饰题材、风格类似的一般工艺镜，有泉屋博古馆藏唐代宝相花镜（图 7-39）[1]，均以弧形线条作为造型的基本要素，而纹饰组合、布局不同。

　　这面方镜有着怎样的流传史呢？有学者考证，《尊古斋古镜集景》《在欧美的中国古镜》两书收录的两面银平脱镜图片（图 7-40），应和维多利亚与艾伯特博物馆藏镜是同一面镜子。由此推测，该镜为《尊古斋古镜集景》作者黄浚在北京琉璃厂经营尊古斋期间（1910—1930 年）出售，后来成为英国伦敦收藏家乔治·尤摩弗普洛斯的藏品，1935 年转入维多利亚与艾伯特博物馆，珍藏至今未曾展出。[2]

---

[1] ［日］泉屋博古馆：《泉屋博古·镜鉴编》，第 69 页，图 124。

[2] 吕章申主编：《海外藏中国古代文物精粹·英国国立维多利亚与艾伯特博物馆卷》，安徽美术出版社，2018 年，第 231 页。

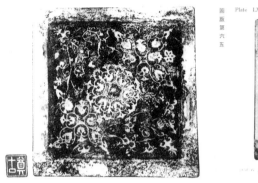
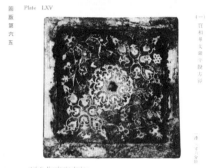

图7-40 《尊古斋古镜集景》（左）与《在欧美的中国古镜》（右）著录的是同一面唐代方镜

虽然此镜缘内侧银平脱纹饰残损较为严重，但围绕镜钮一周纹饰保存完整，精致细腻，仍能反映出唐代上乘的制作工艺技术，具有较高的历史与艺术价值。

　　流失海外的中国铜镜数以万计，这里仅列举少量。战国、汉代、唐代是我国古代铜镜的三个创作巅峰时期。从战国蟠螭纹、饕餮纹等青铜器上的神秘纹饰，到东汉画像镜上神人车马出行、仙人禽兽等图像的具象表达，再到唐代高士隐逸之境、充满生命张力的花鸟世界，铜镜上面展示的图像，其题材呈现出从神话传说走向现实生活的渐变轨迹。中国古代的能工巧匠们在一个个二维世界里展开三维的想象空间，创造出一面面美轮美奂的艺术佳作。镜小乾坤大，纳天地于掌中，铸理想现实于永恒，铜镜，唤起了今人对古人遥远生活的美好追忆。

镜奁掩月

英国大英博物馆藏

北宋银镜盒定名与功能

图 8-1　大英博物馆藏宋代银镜盒及其细部

图 8-2　银盒老照片　　　　　　　图 8-3　1986 年大英博物馆学者发表有关银盒的文章（节选）

　　1968 年，英国大英博物馆入藏一件中国宋代银盒（编号 1968，0422.12），为沃尔特·赛德威克夫人遗赠。银盒为圆形，盒盖和盒身以子母口相扣合，直径21.5 厘米（图 8-1）[1]。这个银盒何时流失到海外？目前查不到直接的文字记录，只能根据老照片推测。民国时期北京青铜器修复师贾玉波收藏了一批 20 世纪 20—40 年代经其修复的器物老照片玻璃底版，其中就有这件银盒照片底版。从底版来看，该银盒盖横置于盒身顶端，盒身侧立于汉代铜洗、商代人首形足盘之上。盖面起翘，裂缝较多，保存状况欠佳。其盒内隔板中央有一圆孔，清晰可见（图 8-2）[2]。由此判断，此盒流落海外的年代下限应该是在 20 世纪 40 年代。中、英两国学者都

----

[1]　霍宏伟：《一件银盒的定名与解读》，《读书》2018 年第 11 期。收入本书时略作修改、补充。

[2]　贾文忠、贾树编：《吉金萃影：贾氏珍藏青铜器老照片》，第 276 页，图 309。

曾对银盒盖面中央图像进行过研究（图8-3）[1]，我认为它所蕴含的丰富内容和故事情节，还有进一步拓展诠释的空间。

银盒的功能与定名

银盒为漆木胎，包裹着一层薄银片，整体扁圆形。我们还可以看到三件器形与之相似的镜盒，用来作为参考。南京博物院

图 8-4　南京博物院藏北宋磁州窑瓷镜盒

藏北宋磁州窑白地黑花莲纹瓷镜盒，上面直接标注了器物的功能，在盒盖中心三道弦纹圈内、双如意形钮两侧，分别写有"镜""盒"两字，腹部装饰着一周缠枝草叶纹（图8-4）。[2]2003年，内蒙古通辽市科尔沁左翼后旗吐尔基山辽代早期贵族墓出土一件鎏金包银镶玉漆镜盒[3]，盒内放置一面委角方形"李家供奉"铭文

[1] 扬之水：《看图说话记》，氏著《新编终朝采蓝：古名物寻微》下，生活·读书·新知三联书店，2017年，第292—293页；Jessica Rawson, "Silver Decoration on a Chinese Lacquered Box", *Arts of Asia*, vol. 16, no. 3 [May–June 1986], pp. 91–98。

[2] 龚良主编：《南京博物院》，长征出版社，2013年，第79页。

[3] 内蒙古文物考古研究所：《内蒙古通辽市吐尔基山辽代墓葬》，《考古》2004年第7期；国家文物局主编：《2003中国重要考古发现》，文物出版社，2004年，第157页。

图 8-5　内蒙古通辽市科尔沁左翼后旗吐基尔山辽墓包银镶玉漆镜盒出土
情形，盒盖内图案及盒内李家供奉铭铜镜

花鸟镜（图 8-5）。1990 年，福建省福州市茶园山中心小学操场发掘出南宋许峻夫妻合葬墓。左室为南宋淳祐十年（1250 年）许峻妻子陈氏之墓。墓室中部出土一件鎏金银镜盒，为六出棱边形，子母口，器形扁平。通体鎏金，盖面中部为呈顺时针方向旋转、略微凸起的双凤纹，周饰花卉纹，腹部饰以两周缠枝草叶纹。口径 13.7 厘米，高 5.9 厘米（图 8-6）。盒内盛放一面六出棱边形铜镜。[1]

这三例镜盒，或于盖上标出器名，或内放铜镜，功能都十分明确。盖体中央均装饰植物或动

图 8-6　福州市茶园山中心小学南宋
陈氏墓出土鎏金银镜盒

[1] 福建省博物馆：《福州茶园山南宋许峻墓》，《文物》1995 年第 10 期；杨伯达主编：《中国金银玻璃珐琅器全集》2《金银器（二）》，河北美术出版社，2004 年，第 136 页，图二四四。

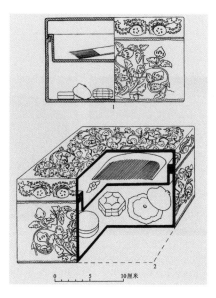

图 8-7　洛阳偃师杏园唐代李景由
墓出土银箔平脱方漆盒剖面图

物纹饰，腹部饰以缠枝草叶纹。大英银盒形制与其近似，已具备了盛放镜子的基本条件。盖面也饰以多种植物纹饰，腹部亦装饰缠枝草叶纹。同时，大英银盒的内部结构值得重视。盒中有一层隔板，将银盒隔成上、下两层。这种内设隔层的独特结构，在河南偃师杏园唐代李景由墓漆木匣、江苏常州半月岛南唐墓漆镜盒中也能看到。唐代开元二十六年李景由墓所出方匣，内部上层加一木屉，放置大木梳及金钗饰物，下层有鎏金铜镜、鎏金银盒、小银碗及圆形漆粉盒等（图 8-7）[1]。1985 年，在江苏省常州市半月岛附近发掘出一座五代十国时期南唐墓，出土漆镜盒两件，形制相同，纹饰略异。其中一号镜盒较完整，平面方形圆角，内外髹黑漆，里面盛有一面"长命富贵"铭文镜。盒中放置隔板，中部嵌有毛雕团花纹铜片，团花中央开一圆孔。镜盒边长 21—22 厘米，高 8.5 厘米（图 8-8）。[2]

[1]　中国社会科学院考古研究所：《偃师杏园唐墓》，第 151—152 页。

[2]　常州市博物馆：《江苏常州半月岛五代墓》，《考古》1993 年第 9 期。

图 8-8　常州半月岛南唐墓漆镜盒盖与盒身

　　有一个需要关注的细节：大英银盒隔板中央有一个圆孔，它是在设计之初有意预留的。功能决定结构，这个圆孔应该是为了方便放置和取用铜镜而设计的，可以将镜背的圆形镜钮固定于孔中，或可以用手指从底部插入圆孔将盒中铜镜顶起。旁证材料除了上述常州半月岛南唐墓出土一号漆镜盒之外，还有两件器物。一件是 1957 年出土于山西忻县城南豆罗村北宋政和四年（1114 年）田子茂夫妇合葬墓的铜镜盒，盒内盛放一面牡丹镜，盒盖上有精细的线刻孔雀、牡丹纹，周围有云纹装饰，盒底上有线刻莲花，花心有一小圆孔。[1] 该墓出土牡丹镜现藏中国国家博物馆，并在"镜里千秋：中国古代铜镜文化"展览上展出（图 8-9）。另有一件是日本奈良正仓院藏山水八卦镜高丽锦木镜盒。这件镜盒形制虽为八角，但已接近圆形，由盒盖、盒身组成，盒身底部平整，中央有一个圆孔（图 8-10）。[2]

　　在看过上述不同时期镜盒、镜匣内部结构之后，我们可以对大英银盒的功能做一合理推测：隔板上层平放铜镜，镜面朝上，镜背向下，镜钮自然嵌入银盒隔

[1]　冯文海：《山西忻县北宋墓清理简报》，《文物》1958 年第 5 期。

[2]　［日］奈良国立博物馆：《正仓院展目录》，第五十八回，第 56—57 页。

图 8-9　国博藏北宋田子茂墓出土牡丹镜（上）

图 8-10　日本奈良正仓院藏木质镜盒（下）

板中央的圆孔内。下层置以梳妆需要的其他用具，如梳子、粉盒或饰品等。正是因为它是一件在器具内部放置铜镜的银镜盒，才会在其外部盒盖最为显著的位置刻画临镜写真图，从而达到内容与形式的完美统一。经过一系列的考证，初步判定大英银盒应是盛放镜子的镜盒（参见图 8-1）。

关于将其称为"镜盒"还是"镜奁"，这种定名问题也有讨论的必要。南京博物院藏磁州窑烧造的瓷器上有"镜盒"一名。有学者根据磁州窑瓷器上的铭文推测，该窑瓷器的消费者群体是商人、市井小民。[1]"镜盒"之名，反映了社会平民阶层对此类器具的一般称谓，是俗名，正式名称应该是"镜奁"，这是自汉代以来一直沿用的名称。沈从文、孙机等先生曾对汉代镜奁做过探讨[2]，也有学者对自战国至宋代出土的镜奁进行过大致的梳理[3]。我们可以在宋代诗词中，发现"镜奁"的踪迹：

> 峨然九女鬟，争出一镜奁。（王安石《和平甫舟中望九华山四十韵》）
> 镜奁掩月，钗梁折凤，秦筝斜雁。（陆游《水龙吟》）
> 喜嘶蝉树远，盟鸥乡近，镜奁光里。（周密《过秦楼》）
> 宝镜奁开素月空，晚妆慵结绣芙蓉。（陈允平《浣溪沙》）[4]

---

[1] 中国硅酸盐学会主编：《中国陶瓷史》，文物出版社，1997 年，第 247 页。

[2] 孙机：《汉代物质文化资料图说》增订本，第 302 页。

[3] 王锋钧：《中国古代置镜方式研究》，《故宫文物月刊》2000 年第 7 期。

[4] （宋）王安石著，（宋）李壁笺注，高克勤点校：《王荆文公诗笺注》卷一七《古诗》，上海古籍出版社，2010 年，第 420 页；朱东润选注：《陆游选集·词选》，上海古籍出版社，1979 年，第 199 页；唐圭璋编：《全宋词》，1965 年，第 3278、3131 页。

银镜奁的制作年代

以往谈到这件银镜奁的制作年代，只是笼统地说属于"宋代"，那么到底是北宋还是南宋？未见细究。

大英银镜奁盖顶隆起，顶平，盖顶纹饰由内向外分为三区。内区为主体纹饰，有一大片菱形开光，每边由七条较宽的弧线连接而成，内侧以细弧线勾边，中间是一幅构图严谨、刻画细腻的人物故事画。中区是菱形开光的四面，满饰牡丹、菊花等缠枝花卉纹，这是北宋瓷器上常见的装饰手法。外区以一周弦纹圈与中区纹饰相隔，位于盖顶边缘，饰一周缠枝草叶纹。盖顶边缘与斜面相接，斜面上以婴戏纹与折枝牡丹纹相间装饰。八个海棠花式壶门中各饰一童子形象，其间饰以八朵牡丹纹。斜面外展，与饰以缠枝草叶纹的盒盖立沿相连，形成一周凸棱。盖身立沿，亦饰有一周缠枝草叶纹。奁盖顶与斜面交接处略有残损，后经修补（参见图 8-1）。根据目前可供对比的实物资料来看，最重要的就是 2009 年陕西省蓝田县北宋吕氏家族墓园两座纪年墓考古发掘资料。

关于婴戏纹的比较

2009 年 5—7 月，在蓝田北宋吕氏家族墓园中发掘出吕大忠与前妻姚夫人、继妻樊夫人合葬墓（M20），盗扰严重。在墓室扰土中，出土一件孔雀童子纹残银盘，器体锈蚀，缺失约三分之一。外腹壁相间模压八个海棠花式壶门与八朵折枝花，壶门内立着八个姿态各异的童子形象，其间饰以牡丹、菊花各四朵，

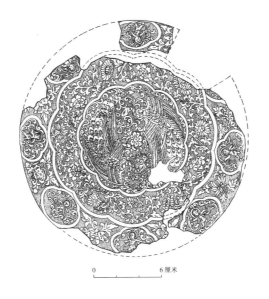

0　　　　6厘米

图 8-11　陕西蓝田北宋吕大忠墓出土孔雀童子纹残银盘线描图

空白处均饰以细密的鱼子底纹。高 3.1 厘米、口沿直径 18.2 厘米、底径约 15.2 厘米（图 8-11）。据墓内所见三方墓志分析，吕大忠葬于北宋元符三年（1100 年），姚夫人改葬于熙宁七年（1074 年），樊夫人葬于绍圣三年（1096 年）[1]，这件残银盘的年代下限为 1100 年。

　　将大英银镜奁与吕大忠墓出土残银盘纹饰进行细致比对，可见异同。形制相同，均为圆形，便于装饰设计。整体构图相同，均为八个海棠花式壶门与八朵折枝花叶纹相间排列；纹饰题材相同，皆为婴戏纹加折枝花叶纹，空白处饰以鱼子底纹。局部表现形式略有差异，如每个壶门造型圆弧数量多寡不一，大英银镜奁较多，吕大忠墓银盘较少；壶门内的童子的站立姿态有所不同；八朵折枝花叶纹，前者均为牡丹纹，后者有牡丹、菊花两种花卉纹。

———

[1] 陕西省考古研究院等：《蓝田吕氏家族墓园》（三），文物出版社，2018 年，第 616—664 页。

图 8-12　洛阳出土北宋张君石棺盖上的婴戏纹摹本局部

另有一条关于北宋纪年石棺盖上雕刻的婴戏纹纪年材料。1964 年，在河南省孟津县张盘村发现一具北宋崇宁五年（1106 年）洛阳张君石棺，棺盖两侧雕刻缠枝牡丹纹，硕大的花朵之间饰以攀枝童子，姿态不同（图 8-12）[1]。以童子与牡丹纹相间交错作为纹样的装饰手法，亦见于大英银镜奁盖的斜面上。

有关缠枝草叶纹的比较

2009 年 7—9 月，在蓝田北宋吕氏家族墓地清理了吕继山前妻侯夫人、继妻齐夫人合葬墓（M25），墓葬保存完整。据墓志可知，齐氏于大观己丑春三月戊午卒，明年春二月丙申返葬于京兆府蓝田县太尉原先茔之次，亦即北宋徽宗大观三年（1109 年）卒，大观四年（1110 年）葬于蓝田[2]。在西侧继妻齐氏墓室北端中部出土一件委角方形银镜奁，为包银漆木质，由盒盖、盒身及内置铜镜三部分组成一套。盒盖顶面纹饰分为内、外两区，内区圆心内的主体纹饰为双凤纹，外区环绕一周二方连续波浪式缠枝草叶纹作为边饰。盒盖与盒身立沿纹饰相同，各饰一周二方连续缠枝草叶纹。盒底面正中为一朵莲花纹，其中心有一圆孔。银镜奁通高 5、边长 19.5 厘米（图 8-13）。不太一样的是，大英银镜奁为圆形，盖面中

[1] 黄明兰、宫大中：《洛阳北宋张君墓画像石棺》，《文物》1984 年第 7 期。

[2] 陕西省考古研究院等：《蓝田吕氏家族墓园》（三），第 705—760 页。

央为七连弧双线框菱形开光，内刻一幅人物故事画。完全相同之处是装饰手法和纹饰造型风格，盖面边缘一周、奁盖、奁身立沿各饰一周缠枝草叶纹。

缠枝草叶纹，又叫卷草纹、蔓草纹。缠枝纹始见于战国，发展于两汉、南北朝，盛行于唐宋，承袭于元明清。大英银镜奁盖、奁身上共有三周缠枝草叶纹作为边饰，以波线、圆涡线、凸点纹组合成二方连续的横向装饰带，与蓝田北宋吕继山妻齐氏出土银镜奁上缠枝草叶纹完全一致，成为大英藏品断代的重要依据。

河南地区出土的北宋瓷枕、方砖上的缠枝草叶纹与大英银镜奁上的纹饰风格近似，值得关注。1988 年，新郑市菜园马村出土一件北宋白釉珍珠地划花豆形瓷枕[1]，枕侧面均饰以二方连续缠枝草叶纹（图 8-14），形态、构图与大英银镜奁上的缠枝草叶纹相仿，细节略有差异，瓷枕上的纹饰线条比较宽。1991 年，在洛阳老城区老集发掘一处北宋衙署庭园遗址时，清理出一条东西向花砖路，路面是用缠枝草叶纹方砖铺成（图 8-15）。在庭院夯土隔墙西侧出土一块素面方砖，正面阴刻"崇宁五年十月乙丑九十号丁安汝州"。"崇宁五年"即公元 1106 年，由此可知这座庭园的相对年代应在北宋晚期，缠枝草叶纹方砖的年代亦属北宋晚期。[2]这种方砖上的纹饰与大英银镜奁上装饰的缠枝草叶纹，形态特点近似。

南宋的缠枝草叶纹与北宋的略有不同。我们可以从位于南京市浦口区江浦黄悦岭的南宋庆元元年（1195 年）张同之墓中出土的一件缠枝草叶纹银瓶上发现端倪（图 8-16）[3]。瓶通体压印草叶纹，其剖面是弧形鼓凸的，线条略显硬朗，卷草较短，与大英银奁上的纹饰有所差异。

---

[1] 张柏主编：《中国出土瓷器全集》12《河南》，科学出版社，2008 年，第 143 页。

[2] 中国社会科学院考古研究所：《隋唐洛阳城：1959—2001 年考古发掘报告》，文物出版社，2014 年，第一册，340 页；第四册，图版 110：2。

[3] 南京市博物馆：《江浦黄悦岭南宋张同之夫妇墓》，《文物》1973 年第 4 期。

图5-513 委角方形镜盒 M25:28

图 8-13 陕西蓝田北宋齐氏墓出土委角方形银镜奁、内置铜镜及线描图与铜镜拓本

图 8-14　新郑市菜园马村出土白釉珍珠地划花豆形瓷枕

图 8-15　隋唐洛阳东城北宋衙署遗址中的花砖路面及细部纹饰

图 8-16　南京浦口黄悦岭南宋张同之墓出土银瓶

| 8-14 | 8-16 |
| 8-15 | |

综合以上各类出土材料，特别是陕西蓝田北宋吕氏家族墓地发掘出土的纪年墓资料，可以看出大英银镜奁上的纹饰，无论是作为主体装饰的牡丹纹、菊花纹、婴戏纹，还是作为辅助装饰的缠枝草叶纹，均与北宋银器、瓷器、石刻等的装饰风格近似，可以推断大英馆藏银镜奁的制作年代应在北宋晚期，大约1100—1110年。这些与大英银镜奁纹饰相近的实物资料，均源于中原地区，当时以东京汴梁城为核心的中原地区是经济、文化最为发达的地方，因此大英银镜奁的制作有可能来自这里。

盖面的图像解读

大英银镜奁盖面中央为七连弧双线框菱形开光，内有一幅人物故事画（参见图 8-1）。画面中心有一位仕女，正坐于鹤膝桌前的椅子上，挥毫作画，而且是对着镜子画自画像，这一点我们后面就会分析到，画中人物头像已初具轮廓。作画仕女的面前站立着三位侍女，站成三角形，手持不同物品。紧挨桌角、离仕女最近的侍女双手捧着长方形砚台，侧身探头看女主人作画；中间的侍女距桌子最远，抱着一个口部扎紧的椭圆形袋子；立于仕女左前侧的侍女，手握镜钮，举着一面巨大的圆镜，便于主人临镜作画。仕女背后也站着三位侍女，分别持唾盂、上小下大束口的袋子和长方匣。画面前景是一块造型奇特的假山石，从山石背后伸展出平直、宽大的芭蕉叶。背景是栏杆窄径，引入纵深，给人以无尽的想象空间。这无疑是一幅构图完美的仕女临镜写真图。它描绘的是什么人物故事呢？我受邢义田先生倡导的"榜题与格套"图像解读方法的启发，找到了释读此图的突破口。

在诸多临镜题材的图像资料中，临镜图较多而临镜写真图少，带有榜题的临镜写真图就更少了，目前仅见两例。一是民间收藏的一面宋金时期的仕女画像铜镜，镜钮下方是一张鹤膝桌，桌前站立一名侍女，手捧大圆镜。女主人坐于桌后，临镜写真。镜钮上方中央是一凸起的方块，阴刻诗一首，漫漶不清，已难辨识。二是中国国家博物馆珍藏一幅清代绘画《千秋绝艳图卷》，它是以历史上诸多美人故事为素材创作的大型仕女图长卷（图8-17）。其中图一四是《薛姬临镜写真图》（图8-18）。一位女子坐在桌前，铺开一纸，对着放置于镜台上的圆镜挥毫作画，将自己的美丽面容再现于画幅之上。右上角有楷书题诗："薛姬。几回欲下丹青笔，愁向妆台宝镜明。写出素颜浑似旧，请君时把画图临。"薛姬，即唐代才女薛媛。题诗从薛媛写给丈夫南楚材的诗作《写真寄夫》中演化而来，《写真寄夫》收录于《全唐诗》卷七九九，最早源于晚唐范摅《云溪友议·真诗解》：

> 濠梁人南楚材者，旅游陈颍（颖）。岁久，颍（颖）守慕其仪范，将欲以子妻之。楚材家有妻，以受颍（颖）牧之眷深，忽不思义，而辄已诺之。遂遣家仆归取琴书等，似无返旧之心也。或谓求道青城，访僧衡岳，不亲名宦，唯务玄虚。其妻薛媛，善书画，妙属文；知楚材不念糟糠之情，别倚丝萝之势，对镜自图其形，并诗四韵以寄之。楚材得妻真及诗范，遽有隽不疑之让，夫妇遂偕老焉。里语曰："当时妇弃夫，今日夫离妇。若不逞丹青，空房应独自。"薛媛《写真寄夫》诗曰："欲下丹青笔，先拈宝镜端。已惊颜索寞，渐觉鬓凋残。泪眼描将易，愁肠写出难。恐君浑忘却，时展画图看。"[1]

---

[1]（唐）范摅：《云溪友议》卷上"真诗解"条，古典文学出版社，1957年，第4页。

根据文献所记述的内容，我们再看大英博物馆藏银镜奁盖面上的这幅图。仕女作自画像，前后左右共有六位侍女服侍。与绘画创作关系最密切的三位侍女距仕女最近，即左前方捧砚台者、正前方持镜者和右侧拿唾盂者，三人呈半圆形环绕主人公。距离仕女较远的三位侍女，分别持口部捆扎结实的椭圆形袋子、上小下大束口的袋子和长方匣。为什么在女主人临镜写真之时，她们携带这三件看来与绘画没有直接关联的物件呢？

如果将这一画面与上述文献结合起来进行分析，就会较为容易地找到答案。唐代薛媛的丈夫南楚材被陈颖太守相中，太守欲将女儿嫁给他，楚材家中有妻，仍答应了这桩婚事，"遂遣家仆归取琴书等"。其妻薛媛见仆人归家取物，知楚材有异心，"对镜自图其形，并诗四韵以寄之"。大英银镜奁盖中央画面所描绘的，正是薛媛"对镜自图其形"的场景。坐于桌前临镜写真者是薛媛，距其最近的三位侍女捧砚台、握铜镜、持唾盂，与作画者有直接关联。另外三位侍女手持袋子、长方匣等，则与楚材派遣家仆回家乡取琴书等物相关。

最后值得一提的是，文本在向图像转换的过程中，发生了一点变异。南楚材让仆人回家取的"琴书"，应是指古琴与书籍，正如东晋陶潜《陶渊明集》五《归去来兮辞》："悦亲戚之情话，乐琴书以消忧。"[1] 放置古琴的琴囊形制为长条形，在图像中却变成了上小下大圆底状，以至于被人理解为内置琵琶，亦在情理之中。之所以会出现这一问题，大概是画家在对历史故事文本误读之后产生的偏差，将文字记述中的"琴"理解为"琵琶"，而非"古琴"，所以呈现出来的图像不是琴囊，而是装着琵琶的袋子。"琴"有两种含义，狭义是指古琴，广义是某些乐器的统称，琵琶即属后者所指。

---

[1] 逯钦立校注：《陶渊明集》卷五《赋辞》，中华书局，1979 年，第 161 页。

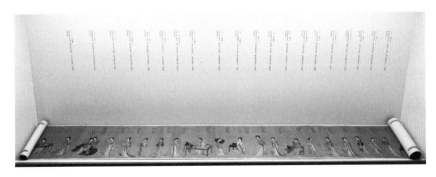

图 8-17 国博"镜里千秋"展览展出《千秋绝艳图卷》

图 8-18 《薛姬临镜写真图》及局部

结语

2017年3月，在与大英博物馆中国馆馆长霍吉淑的电子邮件交流中，我认为大英收藏的一件银盒是盛放铜镜的宋代银镜奁。她觉得这个观点很重要，以前无人谈及该银盒的功能，而且她当时正在着手将其陈列于重新布展的大英中国馆内，并收进一本书之中。我于是提出了这件银盒应该是银镜奁的三点理由。这也是此文的写作缘起和雏形。

2018年11月21日上午，当我在大英博物馆中国馆展厅亲眼看到这件银镜奁实物的时候（图8-19），心潮澎湃，如同与多年未见的老友不期而遇。纵有千言万语，却无法言说，只能不停地按动相机快门，记录下这千载难逢的历史瞬间。在以往大英的展览中，这件银镜奁隐没于其他展品之中。在2017年重新开展的中国馆展厅内，它被精心放置于桌面式展柜、距离观众最近的左下角（图8-20），上方是宋代《妆靓仕女图》复制品，右半部分摆放了一大两小三面宋代铜镜，展柜左侧的文物说明牌上也标明了这是一件银镜奁。这套全新的展陈形式，充分说明大英学者采纳了我的观点，并将其付诸实践，在展览中以一种独特、新颖的方式呈现在观众面前。令人欣慰的是，我的研究不仅直接改变了大英学者对这件银盒的看法，甚至能够影响到展品的展陈方式，还进一步彰显了在研究海外藏中国文物方面，中国学者本该拥有无可置疑的话语权。

这篇小文从头到尾都在讲述一件银盒的故事。它是一件貌似寻常却又值得细细品味的艺术品，静静地躺在展柜里，凝望着展厅中往来穿梭的匆匆过客。由于展柜玻璃的阻隔，人们无法上手观赏，盒上刻画细腻的人物图像和各类繁缛复杂

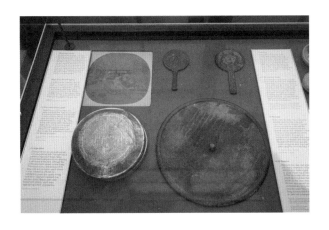

图 8-19　作为重要展品的银镜奁呈现出全新的展陈方式

图 8-20　2018 年大英博物馆中国馆展出银镜奁的桌面式展柜

的植物纹饰也无法高清呈现，盒盖画面中包含的故事情节更是无法自己言说。今天，借助高清晰图片和文字的详细解读，不仅可为海外藏中国文物提供学术支撑，亦可帮助读者感受将近千年之前宋人智慧创造出的情感与艺术的结晶。这何尝不是今人穿越时空、领悟先贤巧思的绝妙方式呢？

　　1-1《韩君墓发见略记》,《国立北平图书馆馆刊》第七卷第一号　1-2 夏美芳摄影　1-3 沈辰供图　1-4《韩君墓发见略记》,《国立北平图书馆馆刊》第七卷第一号　1-5〔加〕怀履光《洛阳故城古墓考》插图 1　1-6 沈辰供图　1-7 Royal Ontario Museum, Homage to heaven, Homage to earth: Chinese Treasures of the Royal Ontario Museum , Book Art Inc.,Toronto,1992, p.100　1-8 沈辰、古方主编《加拿大皇家安大略博物馆藏中国古代玉器》(文物出版社 2016 年) 第 150 页图 106　1-9 Royal Ontario Museum, Homage to heaven, Homage to earth: Chinese Treasures of the Royal Ontario Museum , Book Art Inc.,Toronto,1992, p.107　1-10 沈辰、古方主编《加拿大皇家安大略博物馆藏中国古代玉器》(文物出版社 2016 年) 第 152 页图 108　1-11 徐婵菲供图　1-12《洛阳故城古墓考》插图 5　1-13《洛阳故城古墓考》插图 8　1-14《洛阳故城古墓考》插图 2　1-15《洛阳故城古墓考》插图 3　1-16《洛阳故城古墓考》插图 12　1-17《洛阳故城古墓考》插图 11　1-18 肖灵轩供图　1-19 Royal Ontario Museum, Homage to heaven, Homage to earth: Chinese Treasures of the

Royal Ontario Museum , Book Art Inc.,Toronto,1992, p.11　1–20《洛阳故城古墓考》插图 7　1–21《洛阳故城古墓考》插图 15　1–22《洛阳故城古墓考》插图 9　1–23《洛阳故城古墓考》插图 6　1–24《洛阳故城古墓考》插图 16　1–25《洛阳故城古墓考》插图 10　1–26《洛阳故城古墓考》插图 17　1–27《洛阳故城古墓考》插图 18　1–28 徐婵菲供图　1–29 洛阳博物馆供图　1–30《洛阳故城古墓考》232a、b 号　1–31 洪银兴、蒋赞初主编《南京大学文物珍品图录》（科学出版社 2002 年）23 页图 38　1–32 中国国家博物馆供图　1–33 中国历史博物馆《中国历史博物馆藏历代法书大观》第二卷《金文二》（日本写真印刷株式会社 1997 年）104 页图 137–1　1–34 Royal Ontario Museum, Homage to heaven, Homage to earth: Chinese Treasures of the Royal Ontario Museum , Book Art Inc.,Toronto,1992, pp.96–97　1–35［法］罗拉《卢芹斋传》（香港新世纪出版及传媒公司 2013 年）图版第 4 页　1–36 上海博物馆供图　1–37 上海博物馆供图

　　2–1 霍宏伟摄影　2–2 左 赛努奇博物馆供图　中 霍宏伟摄影　右 徐津供图 2–3 至 2–5 霍宏伟摄影　2–6 张志华、王富安《西华东斧柯村发现汉代画像砖》（《中原文物》1987 年第 1 期）22 页图十　2–7 左 河南博物院供图　右 周到、王景荃主编《中原文化大典·文物典·画像砖》（中原出版传媒集团、中州古籍出版社 2008 年）第 201 页图三　2–8、2–9 韩维龙等《河南扶沟发现汉代画像砖》（《考古》1988 年第 5 期）第 475 页图三，476 页图五　2–10 左 牛爱红供图　右 黄留春《许昌汉砖石画像》（河南美术出版社 1994 年）第 26 页　2–11 郝万章《扶沟吴桥村发现汉代画像砖》（《中原文物》1984 年第 3 期）50 页图一　2–12 周到、王景荃主编《中原文化大典·文物典·画像砖》（中原出版传媒集团、中州古籍出版社 2008 年）第 197 页图二一　2–13 周到等编《河南汉代画像砖》（上海人民美术

出版社 1985 年）图八〇 2-14 周到、王景荃主编《中原文化大典·文物典·画像砖》（中原出版传媒集团、中州古籍出版社 2008 年）第 194 页图一八 2-15 河南博物院供图 2-16 霍宏伟摄影 2-17 徐津供图 2-18 牛爱红供图 2-19 孙祥绘制 2-20 陈立信《郑州发现北魏石刻》（《华夏考古》1990 年第 4 期）第 53 页图三 2-21 河南文物工作队第二队《洛阳 30.14 号汉墓发掘简报》（《文物参考资料》1955 年第 10 期）第 43 页图一、第 45 页图二 2-22 徐婵菲供图 2-23 王绣摹绘 2-24 黄明兰等《洛阳汉墓壁画》（文物出版社 1996 年）第 139 页图 24 2-25 洛阳市文物考古研究院供图 2-26 龙梅若摄影，徐津供图 2-27 中国社会科学院考古研究所《汉长安城武库》（文物出版社 2005 年）第 64 页图三 2-28 河南博物院《河南出土汉代建筑明器》（大象出版社 2002 年）第 70 页图版四七 2-29 薛文灿、刘松根编《河南新郑汉代画像砖》（上海书画出版社 1993 年）第 119 页

3-1 Expedition,vol.41,no.1, cover　3-2 Horace H. F. Jayne The Chinese Collections of the University Museum（1941）p.17　3-3 至 3-5 霍宏伟摄影　3-6 左 The Museum Journal, vol. IX, no.2(June 1918), plate. III 右 The Museum Journal, vol. IX, no.2 (June 1918), p.145　3-7 霍宏伟摄影　3-8 The Museum Journal, vol. V, no.3(September 1914), p.137　3-9 The Museum Journal, vol. V, no.3(September 1914), p.139　3-10 左 The Museum Journal, vol. IX, no.2(June 1918), p.130 右 The Museum Journal, vol. IX, no.2(June 1918), p.122　3-11 霍宏伟摄影　3-12 张林堂、孙迪《响堂山石窟：流失海外石刻造像研究》（外文出版社 2004 年）130 页图版壹 -2 和 151 页图版壹 -45　3-13 杨帆摄影　3-14、3-15 霍宏伟摄影　3-16 左、下 霍宏伟摄影 右 Royal Ontario Museum, Homage to heaven, Homage to earth: Chinese Treasures of the Royal Ontario Museum, Book Art Inc., Toronto, 1992, p.175　3-17 孙

迪《天龙山石窟：流失海外石刻造像研究》（外文出版社 2004 年）第 69 页图版壹 -1 3-18、3-19 Horace H. F. Jayne, The Chinese Collections of the University Museum(1941) p.59 3-20 Horace H. F. Jayne, "Maitreya and Guardians", The University Museum Bulletin, vol.9, no.1 (January 1941) 3-21 ［美］查尔斯·兰·弗利尔《佛光无尽：弗利尔一九一〇年龙门纪行》（上海书画出版社 2015 年）第 110 — 111 页 3-22 霍宏伟摄影 3-23 左 龙门石窟研究所编《龙门流散雕像集》（上海人民美术出版社 1993 年）第 88 页图 102 右 霍宏伟摄影 3-24 龙门石窟研究所编《龙门流散雕像集》（上海人民美术出版社 1993 年）第 87 页图 100 3-25 左 龙门石窟研究所编《龙门流散雕像集》（上海人民美术出版社 1993 年）第 89 页图 103 右 ［美］查尔斯·兰·弗利尔《佛光无尽：弗利尔一九一〇年龙门纪行》（上海书画出版社 2015 年）第 173 页

4-1 Horace H. F. Jayne, The Chinese Collections of the University Museum, 1941, pp.48-49. 4-2 霍宏伟摄影 4-3 田有前供图 4-4 至 4-8 霍宏伟摄影 4-9 至 4-15 余华青、张廷皓主编《陕西碑石精华》（三秦出版社 2006 年）第 211 页图 188 4-16 中国古代书画鉴定组编《中国绘画全集》3《五代宋辽金》第 2 卷（浙江人民美术出版社 1999 年）第 112 — 113 页图七七至七九 4-17（明）苟好善纂修《崇祯醴泉县志》，明崇祯十一年刻本（中华全国图书馆文献缩微复制中心 2000 年）第 605 — 606 页 4-18（明）苟好善纂修《崇祯醴泉县志》，明崇祯十一年刻本（中华全国图书馆文献缩微复制中心 2000 年）第 615 — 620 页 4-19 Édouard Chavannes, Mission archéologique dans la Chine septentrionale,1909,no.438-445 4-20 范立绘制 4-21 陈文平《昭陵两骏流失海外真相新证》（《收藏》2017 年第 2 期）第 108 页图 6 4-22、4-23 国家文物局主编《2003 中国重要考古发现》（文

物出版社 2004 年）第 140、146 页 4-24、4-25 吕章申主编《传承・发展：〈古代中国〉基本陈列设计构思》（中国社会科学出版社 2013 年）第 115 页 4-26 霍宏伟摄影

5-1、5-2 霍宏伟摄影 5-3 大英博物馆供图 5-4 李晖供图 5-5 傅振伦《傅振伦文录类选》（学苑出版社 1994 年）图版贰：上 5-6 至 5-8 霍宏伟摄影 5-9 中国国家博物馆供图 5-10 郑州市档案馆编《百年前法国人镜头下的汴洛沿线》（中州古籍出版社 2015 年）5-11 左 河南博物院《河南古代陶塑艺术》（大象出版社 2005 年）第 280 页 中 洛阳市文物管理局编《洛阳陶俑》（北京图书馆出版社 2005 年）第 311 页 右 王绣等编《洛阳文物精粹》（河南美术出版社 2001 年）第 189 页 5-12 故宫博物院编《雕饰如生：故宫藏隋唐陶俑》（紫禁城出版社 2006 年）第 141 页 5-13 李献奇、郭引强《洛阳新获墓志》（文物出版社 1996 年）第 53 页图四七 5-14 中国国家博物馆供图

6-1 王春法主编《海外藏中国古代文物精粹・美国旧金山亚洲艺术博物馆卷》（安徽美术出版社 2023 年）第 383 页 6-2、6-3 霍宏伟摄影 6-4、6-5 冀东山主编《神韵与辉煌：陕西历史博物馆国宝鉴赏・唐墓壁画卷》（三秦出版社 2006 年）第 78 页图 37、第 84 页图 41 6-6 洛阳市文物管理局编《洛阳陶俑》（北京图书馆出版社 2005 年）第 156 页 6-7、6-8 吴业恒供图 6-9、6-10 西安市文物保护考古研究院《西安文物精华・陶俑》（世界图书出版西安有限公司 2014 年）第 167 页图版 220、第 180 页图版 229 6-11 洛阳市文物管理局编《洛阳陶俑》（北京图书馆出版社 2005 年）第 183 页 6-12 陈传席《海外珍藏中国名画・晋唐五代至明代》（天津人民美术出版社 2010 年）第 43 页图 15 6-13、6-14 李胜军供

图 6-15 程永建供图 6-16 周锡保《中国古代服饰史》（中国戏剧出版社 1984 年）第 212 页图四〇 6-17 昭陵博物馆编《昭陵唐墓壁画》（文物出版社 2006 年）第 150 页图 119 6-18 中国国家博物馆编《中国国家博物馆馆藏文物研究丛书·陶俑卷》（上海古籍出版社 2015 年）第 183 页图 110 6-19 新疆维吾尔自治区博物馆编《古代西域服饰撷萃》（文物出版社 2010 年）第 94、97 页 6-20、6-21 中国社会科学院考古研究所《偃师杏园唐墓》（科学出版社 2001 年）图版 7-3、8-1

7-1 吕章申主编《海外藏中国古代文物精粹·日本泉屋博古馆卷》（安徽美术出版社 2016 年）第 245 页图版 110 7-2 吴比摄影 7-3 山西省考古研究所《侯马白店铸铜遗址》（科学出版社 2012 年）图版三〇 7-4 吕章申主编《海外藏中国古代文物精粹·日本泉屋博古馆卷》（安徽美术出版社 2016 年）第 244 页图版 109 7-5 贾文忠、贾树编《吉金萃影：贾氏珍藏青铜器老照片》（文物出版社 2016 年）第 105 页图 128 7-6〔日〕梅原末治《增订洛阳金村古墓聚英》（京都小林出版部 1944 年）图版五八：1 7-7 陈梦家《海外中国铜器图录》（第一集）（中华书局 2017 年）第 217 页图 107 7-8 C.T.Loo, *Exhibition of Chinese Arts*, 1941, p.27 7-9〔日〕泉屋博古馆《泉屋博古·镜鉴编》（便利堂株式会社 2004 年）第 11 页图 5 7-10 上 纳尔逊－阿金斯艺术博物馆官方网站 下左〔加〕怀履光《洛阳故城古墓考》（上海别发印书馆 1934 年）图版 123 号 下右〔日〕梅原末治《增订洛阳金村古墓聚英》（京都小林出版部 1944 年）图版六四：1 7-11 孔祥星、刘一曼主编《中国铜镜图典》（文物出版社 1997 年）第 97 页 7-12 吕章申主编《海外藏中国古代文物精粹·日本泉屋博古馆卷》（安徽美术出版社 2016 年）第 250 页图 115 7-13〔日〕泉屋博古馆《泉屋博古·镜鉴编》（便利堂株式会社 2004 年）第 38 页图 60 7-14〔日〕泉屋博古馆《泉屋博古·镜鉴编》（便利堂株式会社 2004 年）第 37 页图 58 7-15

［日］梅原末治编《绍兴古镜聚英》（京都桑名文星堂 1939 年）图一〇 7-16 贾文忠、贾树编《吉金萃影：贾氏珍藏青铜器老照片》（文物出版社 2016 年）第 106 页图 131 7-17 霍宏伟摄影 7-18 纳尔逊 – 阿金斯艺术博物馆官方网站 7-19 吕章申主编《海外藏中国古代文物精粹·日本泉屋博古馆卷》（安徽美术出版社 2016 年）第 251 页图 116 7-20 贾文忠、贾树编《吉金萃影：贾氏珍藏青铜器老照片》（文物出版社 2016 年）第 169 页图 202 7-21 王春法主编《海外藏中国古代文物精粹·英国大英博物馆卷》（安徽美术出版社 2018 年）第 358-359 页 7-22 王士伦《浙江出土铜镜选集》（人民美术出版社 1958 年）图 10 7-23 程义供图 7-24 王春法主编《海外藏中国古代文物精粹·英国大英博物馆卷》（安徽美术出版社 2018 年）第 359 页 7-25［日］泉屋博古馆《泉屋博古·镜鉴编》（便利堂株式会社 2004 年）第 80 页图 148 7-26 偃师县志编纂委员会编《偃师县志》（生活·读书·新知三联书店 1992 年）彩版 16-4 7-27 王纲怀、孙克让《唐代铜镜与唐诗》修订本（上海古籍出版社 2008 年）第 203 页 7-28 扬之水《奢华之色》卷三《宋元明金银器皿》（中华书局 2016 年）第 273 页插图六 –2 7-29 长沙市博物馆《楚风汉韵：长沙市博物馆藏镜》（文物出版社 2010 年）第 193 页 7-30 中国国家博物馆供图 7-31 梁鉴摄影 7-32、7-33 吕章申主编《海外藏中国古代文物精粹·日本泉屋博古馆卷》（安徽美术出版社 2016 年）第 259 页图版 124、第 260 页图版 125 7-34 霍宏伟摄影 7-35 徐殿魁供图 7-36 左上 大英博物馆供图 其他 霍宏伟摄影 7-37 霍宏伟摄影 7-38 吕章申主编《海外藏中国古代文物精粹·英国国立维多利亚与艾伯特博物馆卷》（安徽美术出版社 2014 年）第 231 页图版 126 7-39［日］泉屋博古馆：《泉屋博古·镜鉴编》（便利堂株式会社 2004 年）第 69 页图 124 7-40 左 盛为人供图 右 冯峰供图

8-1 大英博物馆供图，细节部分霍宏伟摄影　8-2 贾文忠、贾树编《吉金萃影：贾氏珍藏青铜器老照片》（文物出版社 2016 年）第 276 页图 309　8-3 Jessica Rawson, "Silver Decoration on a Chinese Lacquered Box", *Arts of Asia*, vol. 16, no. 3 [May-June 1986], pp. 92-93　8-4 霍宏伟摄影　8-5 左 国家文物局主编《2003 中国重要考古发现》（文物出版社 2004 年）第 157 页　中、右 扬之水供图　8-6 杨伯达主编《中国金银玻璃珐琅器全集》2《金银器（二）》（河北美术出版社 2004 年）第 136 页图二四四　8-7 中国社会科学院考古研究所《偃师杏园唐墓》（科学出版社 2001 年）第 152 页图 143　8-8 中国漆器全集编辑委员会编《中国漆器全集》第 4 卷《三国—元》（福建美术出版社 1998 年）第 67 页图六一　8-9 霍宏伟摄影　8-10［日］奈良国立博物馆《正仓院展目录》第五十八回第 57 页　8-11 陕西省考古研究院等《蓝田吕氏家族墓园》（文物出版社 2018 年）第 638 页图 5-414　8-12 洛阳市文物工作队编《洛阳文物图案集》（朝华出版社 1991 年）第 169 页　8-13 陕西省考古研究院等《蓝田吕氏家族墓园》（文物出版社 2018 年）第 738 页图 5-715，第 737 页图 5-513，第 737 页图 5-513　8-14 张柏主编《中国出土瓷器全集》12《河南》（科学出版社 2008 年）第 143 页　8-15 中国社会科学院考古研究所：《隋唐洛阳城：1959—2001 年考古发掘报告》（文物出版社 2014 年）第四册图版 111、110-2　8-16 霍宏伟摄影　8-17 上 霍宏伟摄影　下 中国国家博物馆供图　8-18 中国国家博物馆供图　8-19、8-20 霍宏伟摄影

2018 年 11 月 23 日中午 12:01，从伦敦飞往北京的国航客机平稳地降落在首都国际机场跑道的一刹那，机上一名乘客的眼泪几乎夺眶而出。他和同事此行肩负着一项光荣而神圣的使命——将流落海外一百五十余年的圆明园旧藏青铜器"虎蓥"护送回国。大家齐心协力，终于圆满完成任务，让"虎蓥"安全回家。这名心潮澎湃、激动不已的乘客就是我。这次海外工作经历是我职业生涯中最值得自豪和骄傲的事情。然而，这只是流失海外上千万件中国文物为数不多的回家故事，更多的文物至今仍漂泊在遥远的异国他乡。

我对流失海外中国文物的关注，得益于三次机缘。第一次是 1985 年上大学之后，校方邀请洛阳文博考古专家黄明兰、徐金星两位先生，为我们开设了"洛阳文物志"课程，使用的教材是《洛阳市文物志》。在这本书附录中有一篇文章，名为

《帝国主义盗窃洛阳文物纪略》，虽然只有 10 页文字，却让人印象深刻，特别是民国时期金村战国大墓和龙门石窟文物严重被盗的史实，深深刺痛了我年轻的心灵。第二次是 2012 年上半年，我幸运地得到国博课题资助，赴美国宾夕法尼亚大学访学，不仅对该校博物馆收藏的中国古代文物做了较为系统的调查，还对美国东部地区收藏中国文物较为丰富的多家博物馆进行考察。第三次是 2013 年至今，我积极参加由国博学者主持编纂的《海外藏中国古代文物精粹》大型丛书的撰写工作。这三次机缘，促使我静下心来，抓大放小，以点带面，不断撰写相关论文，形成这本小书的雏形。目的就是要向广大的中国读者尤其是青年朋友，有选择性地介绍一些散落海外的中国珍宝，这是我作为一名文博考古学者的本职工作，也是义不容辞的社会责任。

说到这本书的成书过程，仿佛是机缘巧合，水到渠成，但背后实则蕴含着策划者曹明明女士通达的睿智与缜密的思考。她是一位极其优秀的资深编辑，在组织策划、编辑出版图书方面有着独到而精准的眼光。2017 年，她担任责任编辑的本人著《鉴若长河：中国古代铜镜的微观世界》面世之后，我们便开始规划下一个选题。她从我草拟的一些题目中选择了"海外藏中国古代文物研究"这一主题，并提出了三点建议：一是让我规划写作目录，结合国博本职工作，逐篇撰写；二是若遇到合适的文物，则进行深入的个案研究，可先以单篇论文形式发表学术文章，在学界得到认同，并对目录进行微调；三是当论文积累到一定程度时，可以按照书的体例进行统一、修改、补充、完善，最终结集出版。需要说明的是，本书所收《怀履光去过金村吗？》《丫髻》《纳世界于掌中》三篇系首次以论文形式发表，其他五篇业已刊发，今根据统一体例，进行了修改、增删。

经过十年来断断续续的写作，这本小书的面貌基本形成。写作过程中得到了诸多领导、师友的帮助。国博馆领导、部门领导及同事们予以大力支持，在工作中提供了许多便利条件。本书使用了海外一些博物馆相关图片，包括英国大英博物馆、法国赛努奇博物馆、美国旧金山亚洲艺术博物馆、纳尔逊－阿金斯艺术博物馆等。加拿大皇家安大略博物馆沈辰研究员，美国哥伦比亚大学副教授徐津博士，夏威夷大学龙梅若（Kate Lingley）博士，日本东亚大学黄晓芬教授，中国社会科学院文学研究所扬之水研究员，北京语言大学李晖教授、梁鉴先生，上海博物馆研究馆员马今洪，苏州市考古研究所程义所长，河南博物院牛爱红女士，洛阳市文物考古研究院程永建研究员、吴业恒先生，洛阳考古博物馆李胜军馆长，洛阳博物馆黄超主任、张玉芳、王军花女士，洛阳古代艺术博物馆李波先生提供了部分图片。北京服装学院陈诗宇先生、洛阳师范学院杨志强先生、洛阳市文物考古研究院徐婵菲研究员、广东省文物考古研究院杨全先生馈赠参考资料。国博同事杨旸帮助翻译日文资料，孙凤群对版式设计提出修改意见。我的学生范立绘制了《昭陵两骏空间位移线路示意图》，肖灵轩提供了《洛阳故城古墓考》高清电子版，程源源协助查找一些历史文献资料。对于以上各位领导、老师、朋友及学生的帮助，表示衷心感谢。

我畅想着与三联书店责任编辑曹明明女士、美术编辑康健先生通力合作，十万左右的文字与两百余幅图片在他们的精心编辑与设计中，最终将形成一部颇有意趣的小书，让我憧憬着它未来整体呈现的可爱样貌。

霍宏伟

2023 年 9 月 5 日于国博研究院